I0059341

Étude sur le secteur privé de la santé en République du Congo

Marty Makinen
Leo Deville
Amanda Folsom

Service de conseil sur le climat de l'investissement,
Groupe de la Banque mondiale

BANQUE MONDIALE   **◉IFC** | **Société Financière Internationale** Groupe de la Banque mondiale

ISBN version imprimée : 978-0-8213-9497-7
ISBN version électronique : 978-0-8213-9498-4
DOI : 10.1596/978-0-8213-9497-7

Série sur le climat de l'investissement dans le secteur de la santé

Cette sous-série d'Étude de la Banque mondiale est produite par le Département chargé du climat de l'investissement du Groupe de la Banque mondiale. Elle permet de publier des éléments d'information nouveaux sur les activités du Groupe de la Banque mondiale dans le secteur de la santé, de diffuser des travaux d'analyse de haute qualité et de consolider des documents informels déjà publiés après les avoir soumis à une révision et aux processus standards de contrôle de la qualité.

La sous-série est surtout réservée aux publications qui élargissent les connaissances sur les politiques gouvernementales et le contexte opérationnel et suggèrent des moyens de favoriser une plus grande participation du secteur privé de la santé au traitement des maladies qui touchent les pauvres et autres populations vulnérables. Des exemples de pratiques optimales présentant un intérêt régional sont fournis à travers des revues thématiques, des travaux d'analyse et des études de cas.

Le rédacteur en chef de la série est Alexander S. Preker. Les autres membres du Comité de rédaction sont Peter Berman, Maria-Luisa Escobar, Scott Featherston, Charles C. Griffin, April L. Harding, Gerard M. La Forgia, Maureen Lewis, Benjamin Loevinsohn, Ok Pannenborg, Khama O. Rogo et Marie-Odile Waty.

Pour de plus amples renseignements, prière s'adresser à :

wbginvestclimate@worldbank.org

Contents

Tableaux

Avant-propos

Le Congo est engagé dans un processus de reformes économiques et sociales depuis le milieu des années 80. Ces réformes structurelles visent la restructuration du secteur public, le désengagement de l'État de la sphère de production, la restructuration et la promotion du secteur privé. Les structures du secteur privé sont représentées par les cliniques, les centres médico-sociaux, les cabinets médicaux, et les cabinets de soins. L'une des orientations de la politique nationale de santé stipule que l'État doit redéfinir ses responsabilités en ouvrant le secteur de la santé à d'autres acteurs institutionnels, privés, et associatifs. Cette redistribution des charges permettra à l'État de s'acquitter réellement de ses obligations de service public en matière d'offre des soins de qualité et de participation à la lutte contre la pauvreté. L'existence des secteurs public et privé à but non lucratif est également l'expression de la solidarité nationale face à la maladie et à la santé.

En outre, l État s'est engagé, entre autres, à organiser et promouvoir un secteur privé à but non lucratif confié à des confessions religieuses, des associations, des sociétés mutualiste participant au service public et un secteur privé à but lucratif, propriété des personnes physiques ou morales.

La promotion du secteur privé de soins de santé à travers des facilités d'installation et des mécanismes de régulation des interventions constitue l'un des défis de la politique sanitaire nationale.

Le rapport du bureau d'études HERA réalisé avec l'appui de la Société Financière Internationale (IFC) du groupe de la Banque mondiale indique que le développement du secteur privé de la santé en vue de son intégration dans les politiques globales publiques est possible à condition de travailler sur les points ci après : (i) Utiliser le secteur privé pour fournir des services en encourageant le secteur public et les donateurs à travailler plus étroitement avec lui ; (ii) Modifier les politiques et les réglementations locales de manière à appuyer et mobiliser le secteur privé, en simplifiant les formalités administratives, en libéralisant les réglementations sur les ressources humaines, et en diminuant les droits de douanes et les autres obstacles à l'importation. En outre, ce rapport a conduit aux résultats ci après : (i) Une proposition de stratégie claire et une série de suggestions pour le gouvernement, afin d'améliorer la collaboration des deux secteurs, public et privé ; (ii) Un intérêt accru à participer au développement du secteur privé dans le pays manifesté par les partenaires financiers, assureurs, investisseurs et opérateurs d'Afrique et d'ailleurs.

Puisse la contribution du secteur privé participer à la diversification de l'offre de soins en général et l'amélioration de la santé des populations congolaises en particulier.

Professeur Georges Moyen
Ministre de la Santé et de la Population
République du Congo

Préface

Le secteur privé n'a commencé qu'en 1988 à jouer un rôle dans le domaine de la santé en République du Congo, lorsque sa participation a été officiellement reconnue. Dès lors, le rôle des acteurs privés du domaine de la santé s'est considérablement amplifié et, pour cette raison, les biens et services fournis par le secteur privé sont importants aussi bien dans les zones urbaines, essentiellement par le biais de prestataires, de pharmacies et de laboratoires à but lucratif, que dans les régions rurales, par le biais d'organisations confessionnelles. Toutefois, peu d'informations sont disponibles concernant le rôle du secteur privé. L'exercice de la carte sanitaire de 2005 a fourni un « instantané » des prestataires tant publics que privés, mais les mises à jour depuis cette date ont été irrégulières et incomplètes. Simultanément, les déclarations de politique du Ministère de la santé ont indiqué l'intérêt pour une collaboration et une coordination plus poussées entre les secteurs public et privé. En dépit de ces déclarations, peu de choses ont été accomplies. De manière plus générale, dans les secteurs autres que la santé, on a assisté à une ouverture vers une plus grande participation du secteur privé à l'économie congolaise mais cet effort accru a peu touché le secteur de la santé. Enfin, bien que le Congo ait la chance de posséder des ressources pétrolières, qui l'ont propulsé au rang de pays à revenu intermédiaire, tranche inférieure, ces indicateurs de santé sont davantage similaires aux niveaux défavorables de ses voisins à faible revenu.

Grâce au financement de l'Initiative pour la santé en Afrique — initiative conjointe de la Société financière internationale et de la Banque mondiale — le gouvernement congolais a recruté une équipe de recherche pour effectuer une évaluation du secteur privé de la santé. L'institut *Results for Development Institute* (R4D), principal réalisateur de cette évaluation, a travaillé en partenariat étroit avec *Health Research for Action (HERA)* et une équipe de consultants de la République du Congo conduite par M. Guy-Patrick Gondzia pour mener les travaux à bien. Le cahier des charges prévoyait notamment la détermination du rôle que joue actuellement le secteur sanitaire privé. Ce travail a inclus notamment un diagnostic de la nature et de l'efficience de l'interface entre les secteurs public et privé, l'instauration d'un dialogue sur les politiques avec les parties prenantes, et la formulation de recommandations pour une réforme destinée à renforcer l'engagement public-privé.

Méthodologie

L'équipe de recherche a utilisé une approche de l'offre et de la demande permettant d'identifier le marché, la politique et les erreurs ou faiblesses institutionnelles, et de les modifier par un changement de politique et d'action. L'information concernant la demande a révélé la manière dont les clients considèrent les fournisseurs privés et leur potentiel ; l'information concernant l'offre a permis d'obtenir une meilleure compréhension du rôle joué actuellement par les acteurs privés et des contraintes et barrières qu'ils rencontrent, dans le but de faire plus et mieux ; et l'information institutionnelle a montré comment les institutions ont facilité ou empêché la formation correcte d'une participation privée, ou ont réussi ou échoué dans ce domaine.

La méthodologie de l'étude comprenait les éléments suivants :

- Exposé du contexte général du secteur privé de la santé au Congo ;
- Analyse du cadre institutionnel ;
- Analyse multidimensionnelle de l'offre ;
- Analyse multidimensionnelle de la demande.

Trois ateliers d'engagement ont permis le partage des constats et des conclusions, la discussion des enjeux et l'élaboration consensuelle d'un plan d'action portant sur 3 ans. Un comité de pilotage avec des représentants du secteur public, du secteur privé et de partenaires de développement a servi de guide pour la réalisation de l'étude.

Principaux résultats

L'information ci-dessous résume les solutions trouvées à partir de l'étude et l'action suggérée pour améliorer la contribution du secteur privé à l'atteinte des objectifs plus larges de la santé nationale au Congo. Les principaux points sont les suivants :

Analyse multidimensionnelle de la demande

Une analyse des données quantitatives de l'Enquête démographique et de santé (EDS) de 2005 et de l'Enquête congolaise auprès des ménages (ECOM), également réalisée en 2005, avec les résultats des groupes de discussion (« *focus groups* »), a fourni un aperçu de la demande pour les soins et services offerts par les prestataires privés lucratifs, non-lucratifs, informels et traditionnels. Les principaux résultats sont les suivants :

- Le secteur privé est une source importante de soins de santé. L'utilisation des sources privées de soins représente entre un tiers et la moitié du recours total à la médecine moderne et elle pourrait augmenter davantage si la qualité des soins offerts s'améliorait.
- Selon l'ECOM, le secteur public prend en charge 44 % de la demande en soins de santé et le secteur privé 56 % (parmi lesquels les prestataires des soins privés à but lucratif, 31 % ; la pharmacie, 10 % ; les tradithérapeutes, 9 % ; le secteur à but non lucratif, 4 % ; et les autres, 2 %).
- Le secteur est davantage axé sur les soins ambulatoires que sur l'hospitalisation et il joue donc un rôle important en matière de prise en charge des soins de santé primaires. Ceci concerne aussi bien le secteur à but lucratif que le secteur à but non lucratif.

Analyse multidimensionnelle de l'offre

L'analyse de l'offre, basée sur une enquête et des entretiens, avait pour but de confirmer et de compléter les données disponibles (carte sanitaire et recensements) pour disposer d'informations supplémentaires sur les caractéristiques des prestataires privés et les services offerts. Les principaux résultats sont les suivants :

- La carte sanitaire de 2005 a recensé 1 712 structures de santé privées réparties sur tout le territoire. La majorité des structures de santé au Congo sont privées (59 %) et la plupart d'entre elles sont à but lucratif (88 %) et situées dans les zones urbaines et semi-urbaines.

▪ D'après les données du MSP de 2005, on dénombrait sur l'ensemble du territoire 2 849 agents de santé travaillant exclusivement dans le secteur privé de la santé (26 % de l'ensemble des agents de santé au Congo, toutes catégories confondues). Il est reconnu que de nombreux agents du secteur public travaillent également à temps partiel dans le secteur privé, mais cet état de fait n'a pu être quantifié.

▪ Bien que les tarifs des médicaments soient standardisés dans tout le pays (à quelques frais de transport près), les tarifs des soins, des tests de laboratoire et de l'imagerie médicale varient (parfois même beaucoup) selon les différents types de structures, et même au sein d'un même type de structure. Cette variation de prix est plus forte pour les soins peu coûteux que pour les soins plus chers.

▪ Les populations les plus pauvres sont confrontées à des problèmes d'accessibilité financière. L'absence de financement de la demande et d'assurance maladie nationale limite l'accès aux services et produits de santé, surtout parmi les populations les plus pauvres. Cependant, les prestataires privés prennent souvent en charge les personnes les plus pauvres en offrant par exemple des modalités et des délais de paiement plus souples, voire en offrant des services gratuits (mais ceci pose parfois un problème pour l'équilibre financier de ces structures de soins privées).

▪ Les charges administratives et financières lourdes exigées par plusieurs ministères (du commerce, des finances, du travail) risquent d'augmenter le prix de vente des services et produits de santé privés.

▪ La faible capacité de gestion financière des acteurs privés entrave le fonctionnement efficace des structures et leurs possibilités de mobiliser des investissements pour étendre leurs activités.

Analyse du cadre institutionnel

Les entretiens avec les informateurs clés et un examen des documents et textes juridiques ont permis de procéder à une analyse du cadre institutionnel pour les acteurs du secteur privé de la santé. Les principaux résultats sont les suivants :

▪ Le secteur privé est peu réglementé. Les faiblesses de la réglementation actuelle, le manque de connaissance de la réglementation par les acteurs privés et la non application de la loi, aboutissent à une concurrence illégale, à l'émergence de circuits parallèles et à une qualité médiocre des services offerts par les structures privées.

▪ La procédure de création et d'enregistrement des structures privées est laborieuse, un grand nombre de structures fonctionnant uniquement avec des autorisations provisoires après une année d'exercice. Cette procédure si inefficace risque de promouvoir un circuit illégal et le non respect d'autres réglementations dans un environnement perçu comme « permissif ».

▪ Le secteur privé de la santé est mal organisé et ne dispose pas d'une voix au plan national. L'absence d'organisation du secteur privé en associations/syndicats professionnels pour la plupart des groupes de prestataires (à l'exception des pharmaciens et prochainement des tradithérapeutes) et l'absence de structure représentative unique pour le secteur privé de la santé dans son ensemble posent des problèmes d'interaction avec le secteur public et la défense de ses intérêts transversaux.

▨ Le manque de coordination entre les différents ministères en relation avec le secteur privé de la santé entrave une gestion plus performante de l'activité du secteur privé.

▨ Les secteurs privés à buts lucratif et non lucratif sont traités comme des secteurs commerciaux, ce qui a pour effet d'augmenter le coût des services offerts (puisque des taxes et impôts représentent des coûts supplémentaires) et de réduire son accessibilité financière.

▨ Le secteur privé de la santé est peu, voire nullement appuyé par le secteur public et peu, voire nullement utilisé aux fins de la réalisation des objectifs nationaux de santé. Il n'existe ni contrats ni accords stratégiques entre le secteur public et les prestataires de soins privés (à l'exception de quelques accords ad hoc avec des structures privées dans le cadre de programmes de santé nationaux). Il n'existe pas non plus de politiques des pouvoirs publics visant à solliciter le secteur privé pour la prise en charge de la population pauvre, par l'intermédiaire de stratégies de financement ou de subventions, afin de rémunérer ce secteur en conséquence.

▨ La difficulté ou l'absence d'accès au crédit bancaire pour fournir un capital de départ ou pour financer la prolongation d'activités diminue la volonté des professionnels de la santé d'investir dans le développement du secteur privé et/ou de prendre le risque de s'installer en zone rurale.

Différentes actions possibles

La présente étude a été circonstanciée par une série de trois ateliers d'engagement des parties prenantes. Ces ateliers avaient pour objectif d'encourager les parties prenantes des secteurs public et privé de la santé à convenir de réformes pour mieux guider le secteur privé et en garantir la qualité afin de contribuer efficacement aux objectifs nationaux de la santé. À l'issue du dernier atelier de décembre 2010, les participants ont décidé des actions à prendre sur la base de l'étude ainsi que sur la base du deuxième atelier d'octobre 2010. Le dernier atelier a retenu les axes ci-dessous dans le plan d'action, qui devraient être en grande partie intégrés aux programmes de travail du PDSS pour les années 2011–2013.

Actions concernant la politique et la gouvernance

▨ Créer une plateforme formelle et permanente de dialogue entre secteurs public et privé (en établissant aussi des liens avec le Haut Conseil du dialogue public et privé).

▨ Renforcer la participation du secteur privé de la santé dans les organes du PDSS et dans les commissions techniques mises en place par le Ministère (par exemple en ce qui concerne la gratuité de la césarienne, les SONU, la révision des textes, et autres).

▨ Renforcer la structure du secteur privé de la santé par la création d'une Alliance du secteur privé de la santé (Alliance SPS).

▨ Développer un cadre stratégique pour le secteur privé de la santé dans le contexte de la politique nationale de la santé. Ceci comprend une note stratégique qui accompagne le plan d'action ainsi que la création et la mise à jour régulière d'un répertoire des structures et des acteurs du secteur privé.

Actions concernant la réglementation

- Recenser, actualiser et vulgariser tous les textes législatifs et réglementaires qui régissent le secteur privé de la santé. Ceci implique la création d'une commission conjointe des secteurs public-privé de révision de tous les textes.
- Rendre plus efficace la mise en œuvre du cadre réglementaire à travers : a) le renforcement des capacités institutionnelles du MSP à faire appliquer la régulation et la réglementation ; b) le développement et le renforcement des capacités d'autorégulation du secteur privé ; et c) le renforcement des mécanismes de détection des activités et des produits illicites ainsi qu'un système de sanctions.

Actions concernant les mesures incitatives

- Augmenter l'accès au financement bancaire/fonds de garantie par a) la création d'un fonds de garantie pour le secteur privé de la santé ; b) la création d'un fonds de soutien à l'initiative privée du secteur de la santé par l'État ; c) le renforcement des capacités des opérateurs privés à préparer des projets bancables ; et d) l'encouragement des banques en vue d'accorder du crédit au secteur privé de la santé.
- Alléger les taxes, entre autres : a) alléger ou supprimer les taxes pour l'exercice privé des métiers de la santé en milieu rural ; b) supprimer les taxes sur les produits génériques et les intrants et les matières premières destinées à la production pharmaceutique locale ; et c) établir un accord permettant un crédit d'impôts à l'installation (voir code des investissements).
- Renforcer les capacités en gestion et direction du secteur privé de la santé.

Actions concrètes concernant les partenariats publics-privés (PPP) dans le secteur de la santé

- Mettre en place un comité technique public/privé sur l'opérationnalisation et le suivi des PPP (comité ad hoc rattaché à la Plateforme de dialogue public-privé) et développer un mécanisme de mise en œuvre et de suivi des PPP.
- Rendre les PPP opérationnels pour ce qui concerne les programmes de santé publique subventionnés (par exemple les programmes existants sur le VIH/sida, le paludisme, les vaccinations).
- Développer des PPP sur les SONU, à savoir élaborer le plan de renforcement des SONU en définissant des PPP et en exécutant ledit plan ; définir les modalités de gratuité de la césarienne à travers les réseaux public et privé et appliquer le plan de gratuité.
- Développer des PPP sur la formation initiale et continue. Ceci suppose notamment que les étudiants des établissements publics pourront effectuer leur stage dans les structures privées ; que des prestataires du secteur privé seront invités à enseigner dans les structures publiques de formation et à participer aux formations continues organisées par le secteur public (création d'une commission technique privée de formation continue, comme sous-commission de l'Alliance SPS).
- Développer des stratégies de subvention de la demande dans les secteurs public et privé après l'analyse des possibilités et de la faisabilité d'introduire ou de

renforcer des stratégies telles que l'assurance maladie, les mutuelles de santé, les chèques santé et autres. Ceci s'intègre dans un développement plus global des stratégies de financement des secteurs public et privé.

L'évaluation de ce pays fait partie d'un ensemble d'études planifiées et prévues afin de fournir une meilleure compréhension de la façon d'améliorer l'environnement des affaires au sein duquel le secteur de santé privé intervient au Congo et dans les autres pays africains. L'étude a été entreprise dans le but d'établir une base des objectifs d'évaluation, pour aider la décision politique et fournir des renseignements aussi bien sur le marché d'actions que sur le marché obligataire.

Alexander S. Preker
Rédacteur de la série
Chargé de l'analyse des politiques du secteur de la santé et des investissements
Services de conseil sur le climat de l'investissement
Groupe de la Banque mondiale

Remerciements

Nous souhaitons remercier toutes les personnes qui ont contribué au recueil de données, à l'analyse de celles-ci et à la rédaction du présent rapport. L'équipe de consultants de la République du Congo, dirigée par M. Guy-Patrick Gondzia, a joué un rôle majeur dans le rassemblement de données sur le terrain et l'analyse de celles-ci, ainsi que dans la mobilisation des parties prenantes tout au long de l'étude. L'équipe locale a bénéficié d'une assistance technique et des conseils de M. Mahefa Rojoelison à chaque étape de ce processus. Nous souhaitons également remercier le Ministère de la santé et de la population d'avoir mis en place un Comité de pilotage de l'étude composé de partenaires publics et privés, ce qui en a considérablement facilité la réalisation.

L'équipe de consultants tient à remercier toutes les personnes rencontrées durant l'étude, qui se sont montrées disponibles malgré des emplois du temps chargés, et qui ont fait en sorte que l'étude puisse se dérouler dans les meilleures conditions possibles. Nous aimerions en particulier remercier les prestataires du secteur privé libéral et associatif qui ont été interviewés et ont participé aux enquêtes ou aux discussions en « *focus groups* », pour le temps qu'ils ont passé et la disponibilité dont ils ont fait preuve pour partager avec les consultants des informations sur leur travail. Nous tenons également à adresser nos remerciements aux représentants de la société civile, des organisations professionnelles, des partenaires de développement et des différents ministères aux niveaux central et départemental. Nous remercions en outre les participants aux trois ateliers de mobilisation qui ont apporté leur précieuse contribution en aidant notamment à définir l'étendue du travail lors du lancement du premier atelier, à élaborer des recommandations et un plan d'action préliminaire lors du second atelier et enfin à établir un plan de mise en œuvre lors du dernier atelier.

Nous sommes également reconnaissants à l'Initiative Santé en Afrique de la Banque mondiale et de la Société financière internationale (IFC), qui a parrainé le projet et apporté une contribution technique et des conseils significatifs en plus de son soutien financier. En particulier, nous remercions Mme Marie-Odile Waty, MM. Mahamat Louani, Alexander S. Preker, Jean-Jacques Frère et Khama Rogo pour leur appui.

Enfin, nous désirons remercier le Gouvernement de la République du Congo pour avoir soutenu activement ce projet et s'être engagé dans le processus d'élaboration et de mise en œuvre de stratégies en vue de renforcer le rôle du secteur privé de la santé.

Équipe de consultants :
Michel Bitemo, Health Research for Action (HERA)
Guy-Patrick Gondzia, HERA
François Libama, HERA
Julien Mbambi, HERA
Mahefa Rajoelison, HERA
Bertrand Chenin, HERA
Marty Makinen, Results for Development (R4D)
Leo Deville, HERA

Avec l'appui, aux sièges du R4D et d'HERA, de :
Amanda Folsom, R4D
Katrien De Muynck, HERA
Caroline Pang, R4D
Martine Vandermeulen, HERA
Lara Wilson, R4D

Acronymes

ASPHAC	Association des pharmaciens du Congo
CFE	Centre de formalité des entreprises
CMS	Centre médico-social
COMEG	Congolaise de médicaments essentiels et génériques
COSA	Comité de santé
CPN	Consultation prénatale
CSS	Circonscription socio-sanitaire
DDS	Direction départementale de la santé
DGS	Direction générale de la santé
DSS	Direction des services sanitaires
ECOM	Enquête congolaise auprès des ménages
EDS	Enquête démographique et de santé
FCFA	Francs Communauté financière africaine
FNUAP	Fonds des Nations Unies pour la population
HERA	*Health Research for Action*, Belgique
IFC	Société financière internationale
IST	Infection sexuellement transmissible
MDIPSP	Ministère du développement industriel et de la promotion du secteur privé
MSP	Ministère de la santé et de la population
OMD	Objectifs du Millénaire pour le développement
OMS	Organisation mondiale de la santé
ONEMO	Office national de l'emploi et de la main-d'œuvre
ONG	Organisation non gouvernementale
ONM	Ordre national des médecins du Congo
ONP	Ordre national des pharmaciens du Congo
PDSS	Programme de développement des services de santé
PIB	Produit intérieur brut
PME	Petites et moyennes entreprises
PNDS	Plan national de développement sanitaire
PPP	Partenariat public-privé
R4D	*Results for Development Institute*, États-Unis
SONU	Soins obstétricaux et néonatals d'urgence
SSE	Statut socioéconomique
SYNAPHAC	Syndicat national des pharmaciens du Congo
UNICEF	Fonds des Nations Unies pour l'enfance

1. Introduction

Intérêt manifesté par le Congo pour le secteur privé de la santé

Le secteur privé de la santé a été reconnu officiellement au Congo il y a plus de vingt ans par le décret n° 88/430 du 6 juin 1988 fixant les conditions d'exercice libéral de la médecine et des professions paramédicales et pharmaceutiques. Le gouvernement congolais a récemment témoigné de son engagement à collaborer avec le secteur privé de la santé dans le but de renforcer le système sanitaire, d'améliorer l'état de santé de la population et de protéger le droit fondamental d'une personne à une vie saine, par l'intermédiaire de la politique nationale de santé qu'il a adoptée en 2003, du Plan national de développement sanitaire 2007-2011 et du Programme de développement des services de santé 2010.

Ces différents documents font état à plusieurs reprises du manque de coordination avec le secteur privé de la santé, ce qui constitue une faiblesse du système sanitaire. Néanmoins, la quasi-absence d'informations concernant le secteur privé dans les documents de politique et de planification suggère que l'engagement du gouvernement vis-à-vis du secteur privé de la santé est plutôt limité. Il n'existe pas de politique gouvernementale officielle pour le secteur privé de la santé, ni de stratégies ou de plans de travail visant à encourager une collaboration entre les secteurs public et privé de la santé.

Peu d'informations sont disponibles concernant le secteur privé de la santé au Congo, hormis un inventaire des prestataires privés[1] et quelques données extraites de l'Enquête démographique et de santé (EDS)[2] et de l'Enquête congolaise auprès des ménages (ECOM), toutes deux réalisées en 2005. La carte sanitaire de 2005[3] et les recensements réalisés par la Direction des services sanitaires (DSS) à Brazzaville et à Pointe-Noire en 2009 et 2010 fournissent quelques informations de base sur la localisation et les types de prestataires privés des grands centres urbains. En revanche, il n'y a pas d'informations de base sur le secteur privé telles que le type de prestations offertes et leur volume, les ressources humaines, le nombre de lits d'hospitalisation et leur taux d'occupation, la typologie des patients qui ont recours à ces prestataires de soins, les pratiques commerciales de ceux-ci, leur interaction avec les autres prestataires, ou encore ce qu'ils considèrent être leurs principaux défis et opportunités. Concernant la demande de soins, l'EDS 2005 et l'ECOM 2005 fournissent quelques données sur le recours au secteur public plutôt qu'au secteur privé pour certains soins en zones urbaine et rurale. Cependant, ces données n'ont pas encore été suffisamment analysées pour permettre de comprendre le rôle du secteur privé de la santé en matière de prestations fournies aux consommateurs. Ce manque d'information concerne aussi bien les secteurs à but lucratif qu'à but non lucratif de la santé, même si le secteur à but non lucratif peut être considéré comme public ou semi-public. En conséquence, la présente étude vise à combler ces lacunes dans la connaissance de ce sous-secteur de la santé.

Dans le cadre de l'Initiative santé en Afrique, la Société financière internationale (IFC) et la Banque mondiale ont financé une étude sur le secteur privé de la santé en République du Congo, à la demande du Ministère de la santé et de la population (MSP) et conformément à l'axe stratégique concernant le secteur privé de la santé du Programme de développement des services de santé (PDSS) 2010, qui est appuyé par la Banque mondiale. Le MSP a souhaité conduire cette étude pour mieux comprendre le rôle joué par le secteur privé de la santé et pour développer un plan d'action et de réformes afin de mieux l'intégrer au système de santé et développer des partenariats public-privé (PPP). Trois études de ce type ont déjà été réalisées au Kenya, au Ghana et au Mali avec le soutien de l'IFC. Une deuxième phase d'études a concerné la République du Congo (objet du présent rapport) et le Burkina Faso.

L'objectif de la présente étude consiste à mieux cerner le rôle, la place et le poids du secteur privé[4] dans le système sanitaire, de façon à identifier les contraintes qui entravent son développement et son intégration dans les efforts entrepris pour réaliser les objectifs du Plan national de développement sanitaire (PNDS). Le Groupe de la Banque mondiale a signé un contrat avec les consultants du *Results for Development Institute* (R4D, États-Unis) et *Health Research for Action* (HERA, Belgique) ainsi qu'avec une équipe de consultants locaux pour procéder à une « étude du secteur privé de la santé en République du Congo ». Celle-ci a été réalisée en étroite collaboration avec le MSP, qui a mis en place et présidé un comité de pilotage de l'étude regroupant les acteurs publics et privés, afin d'en faciliter et d'en guider la réalisation.

Cette étude vise à atteindre les objectifs suivants :

- Déterminer le rôle que le secteur privé joue actuellement dans le système de santé du pays ;
- Diagnostiquer la nature et l'efficacité de l'interface entre les secteurs public et privé en République du Congo, ainsi que le cadre dans lequel évolue le secteur privé ;
- Formuler des recommandations détaillées sur les moyens de mobiliser plus efficacement le secteur privé afin qu'il contribue aux objectifs nationaux de santé ; et
- Favoriser le dialogue entre les parties prenantes des secteurs public et privé en organisant une série de trois ateliers d'engagement leur permettant de s'accorder sur les politiques à adopter et les actions à exécuter pour favoriser une contribution plus efficace du secteur privé aux objectifs nationaux de santé.

L'étude et les ateliers devaient déboucher sur un plan d'action concret concernant le secteur privé de la santé, qui pourrait être utilisé par le gouvernement congolais, le secteur privé du Congo ainsi que par les partenaires de développement internationaux. Certains éléments du plan d'action devraient être intégrés dans les programmes de travail du PDSS pour les années 2011-2013.

Structure du présent rapport

Le présent rapport est articulé de façon à répondre aux objectifs de l'étude comme suit :

- Présentation du contexte global du Congo (chapitre 1) ;
- Présentation du contexte dans lequel évolue le secteur privé de la santé (chapitre 2) ;
- Description des méthodes utilisées pour rassembler et analyser les informations d'un point de vue quantitatif et qualitatif à la fois (chapitre 3) ;
- Analyse 1) de la demande pour les services fournis par le secteur privé de la santé par rapport à ceux fournis par le secteur public, 2) de l'offre privée de services de santé, et 3) du contexte institutionnel spécifique du secteur privé de la santé (chapitre 4) ;
- Options pour l'action 2011 à 2013 (chapitre 5).

Éléments de contexte du Congo

Situation socioéconomique du Congo

La République du Congo a connu une forte instabilité politique et subi de nombreux changements depuis son indépendance en 1960. Les conflits internes survenus à la fin des années 1990 ont détruit la plus grande partie de l'infrastructure du pays, bien que celui-ci connaisse désormais la paix depuis 2000.

Le Congo est un pays riche en ressources naturelles, dont l'économie dépend dans une large mesure des exportations de pétrole. Malgré l'abondance de ces ressources, la pauvreté persiste. Sur 3,7 millions d'habitants, dont la moitié vit dans des zones urbaines (*World Bank 2009*), 54 % d'entre eux vivent avec moins d'un dollar par jour (indicateurs relatifs aux Objectifs du Millénaire pour le développement de l'ONU) [*World Bank 2005*]. En 2006, la Banque mondiale et le Fonds monétaire international (FMI) ont classé le Congo parmi les pays pauvres très endettés (CIA 2011).

Bien que le Produit intérieur brut (PIB) par habitant soit passé de 1 782 dollars des États-Unis en 2005 à 2 601 dollars des États-Unis en 2009 (voir figure 1.1), le taux de pauvreté et les inégalités économiques entraînent des indicateurs socioéconomiques insatisfaisants. Le pays devra relever le défi que présente la réalisation des Objectifs du Millénaire pour le développement d'ici à 2015, en particulier dans le domaine sanitaire.

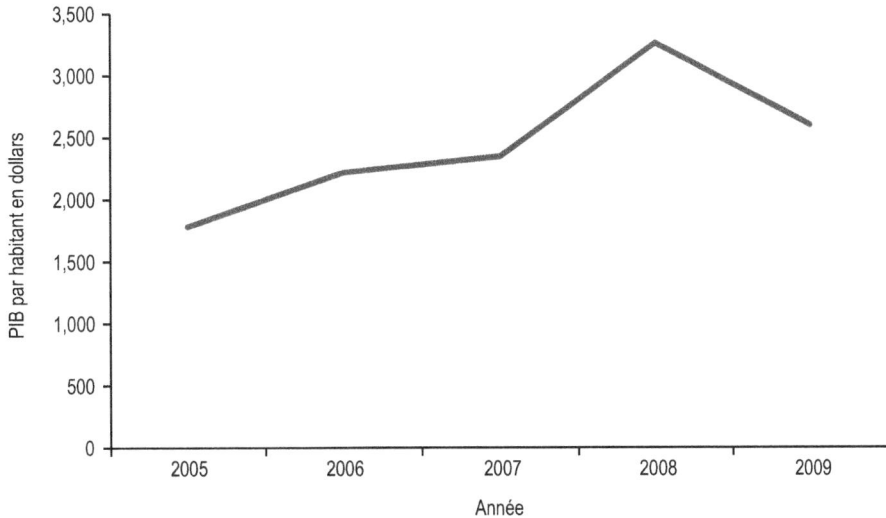

Figure 1.1. Produit intérieur brut (PIB) par habitant en dollars des États-Unis

Source : World Bank 2009.

Secteur privé au Congo

Avant d'analyser le rôle du secteur privé dans le système de santé, il est utile d'examiner l'état de l'ensemble du secteur privé au Congo et les initiatives qui ont été prises pour encourager une participation accrue de ce secteur dans l'économie (promotion du secteur privé au Congo). Dans un premier temps, il est procédé à l'analyse de l'environnement général pour la création d'une entreprise privée et, dans un deuxième temps, à l'analyse des politiques de promotion du secteur privé au Congo. Le Congo n'offre pas un environnement propice au secteur privé mais plusieurs initiatives ont été prises pour remédier à cette situation.

Environnement général des affaires en Afrique, 2011

Il n'est pas facile de créer une entreprise privée au Congo. Selon le rapport *Doing Business 2011* (*World Bank 2010*), le Congo figure au 177e rang sur 183 pays en ce qui concerne la facilité de faire des affaires. Le classement du Congo en 2011 reste inchangé par rapport à 2010. Par ailleurs, il se classe au-dessous de la moyenne des pays d'Afrique subsaharienne (137e). Parmi les pays voisins, seule la République centrafricaine (182e place) se situe au-dessous du Congo. Le classement concernant la facilité de faire des affaires prend en compte neuf thèmes (voir tableau 1.1). Pour tous ces indicateurs, le Congo se place généralement, dans le meilleur des cas, au 128e rang sur 183, sauf pour « l'octroi de permis de construire » où il se distingue en atteignant la 83e place. Ces neuf thèmes sont tous importants pour l'activité commerciale dans le secteur de la santé, même le « commerce transfrontalier » dans la mesure où des patients se déplacent, dans un sens ou l'autre, entre Brazzaville et Kinshasa (République démocratique du Congo), pour être pris en charge.

Tableau 1.1. Facilité de faire des affaires en République du Congo

Indicateurs	Classement du Congo parmi les 183 pays
Création d'entreprise	176
Octroi de permis de construire	83
Transfert de propriété	133
Obtention de prêts	138
Protection des investisseurs	154
Paiement des taxes et impôts	180
Commerce transfrontalier	180
Exécution des contrats	158
Fermeture d'entreprise	128
CLASSEMENT GÉNÉRAL	177

Source : World Bank 2010.

Promotion du secteur privé au Congo

Plusieurs initiatives récentes confirment la volonté du gouvernement de promouvoir le secteur privé au Congo. Elles concernent entre autres :

- La création, en 2008, de la Direction générale de la promotion du secteur privé au Ministère du développement industriel et de la promotion du secteur privé ;
- La création prochaine d'un Haut Conseil du dialogue public-privé ;
- La mise en œuvre du programme Facilité Climat des affaires ACP financé par l'Union européenne.

Le Ministère du développement industriel et de la promotion du secteur privé (MDIPSP) a pour mission de promouvoir la croissance, le développement et les intérêts du secteur privé dans son ensemble. Relevant du MDIPSP, la Direction générale de la promotion du secteur privé[5] est chargée, entre autres, de veiller à l'application de la politique du gouvernement en matière de promotion des investissements privés et à la coordination des activités de promotion du secteur privé.

Depuis la création de cette Direction générale en 2008, aucune mesure particulière n'a encore été prise pour promouvoir le développement du secteur privé de la santé. En effet, le MDIPSP a plutôt mis l'accent sur des secteurs économiques traditionnels tels que le pétrole, le bois et l'agriculture.

Un Haut Conseil du dialogue public-privé sera créé prochainement. Placé sous l'autorité du Président de la République, ce Haut Conseil sera chargé, entre autres, de :

- Prendre en compte les orientations du Président de la République en matière d'amélioration de l'environnement des affaires et définir les modalités de leur mise en œuvre ;
- Discuter des questions de nature à freiner ou favoriser le développement du secteur privé ;
- Examiner les propositions, recommandations et délibérations relatives au dialogue public-privé ;
- Suivre l'application des mesures validées et en apprécier l'impact sur le secteur privé.

Les ministères à vocation sociale, parmi lesquels le Ministère de la santé, ne font pas partie du Haut Conseil.

Le programme Facilité Climat des Affaires ACP de 2009, projet de coopération entre le gouvernement et l'Union européenne, en partenariat avec la Banque mondiale, la Banque africaine de développement et l'Agence française de développement, a comme objectif général d'améliorer l'environnement des affaires au Congo, de le rendre moins contraignant et plus attractif pour les investissements privés en instituant un cadre propice au développement de l'entreprenariat et à la création d'entreprises. Les différents volets du programme sont les suivants :

- Faciliter l'instauration d'un dialogue public-privé de façon à améliorer le climat des affaires ;
- Simplifier et alléger la fiscalité et la parafiscalité et les assortir d'un système fiscal des entreprises plus orienté vers la croissance du secteur privé ;
- Structurer le dispositif institutionnel d'appui au développement du secteur privé ;
- Améliorer l'environnement juridique et judiciaire des entreprises ;
- Développer des mécanismes d'appui financier et non financier aux petites et moyennes entreprises (PME) pour un meilleur accès au crédit ;
- Favoriser l'accès des PME au marché ;
- Adapter la formation professionnelle aux besoins des entreprises ;
- Sensibiliser le gouvernement et les administrations sur les réalités du secteur privé ;
- Promouvoir l'entreprenariat ;
- Faciliter l'implantation d'entreprises d'exportation et aménager les zones industrielles et les zones franches.

Contexte global de la santé

Pour replacer le rôle du secteur privé dans le contexte du secteur de la santé dans son ensemble au Congo, il est tout d'abord procédé à un examen des documents de politiques clés qui définissent le cadre de ce secteur, en soulignant les endroits où il est question du rôle du secteur privé. La situation sanitaire au Congo est ensuite examinée et comparée à celles des autres pays de la région et des autres pays à revenu intermédiaire pour un certain nombre d'indicateurs en liaison avec les Objectifs du Millénaire pour le développement dans le domaine de la santé. Enfin, la question des dépenses de santé est abordée, là encore en comparant le Congo aux autres pays de la région et aux pays ayant la même catégorie de revenus, et en comparant les pourcentages des dépenses de l'État et du secteur privé pour la santé.

Cadre stratégique de la politique nationale pour le secteur privé de la santé

Le cadre stratégique de la politique de la santé comprend trois documents :

- La Politique nationale de santé adoptée par le Conseil des ministres en 2003, qui présente les grands axes stratégiques pour le secteur de la santé ;
- Le Plan national de développement sanitaire (PNDS), un plan d'une durée de 5 ans qui traduit les objectifs du secteur de la santé en programmes d'interventions pour la période 2007-2011 ;
- Le Programme de développement des services de santé (PDSS) est un programme sectoriel d'une durée de quatre ans, financé notamment par la Banque mondiale, et qui vise à renforcer le système de santé.

Politique nationale de santé

Selon la vision exprimée dans la politique nationale de santé (2003), « la protection et la promotion de la santé constituent un droit fondamental de la personne humaine ». Cette politique vise à améliorer l'état de santé des populations afin de favoriser leur participation au développement socio-économique du pays. La concrétisation de ce but passe par la réalisation de trois objectifs généraux :

- Promouvoir et protéger la santé des personnes et des collectivités sur l'ensemble du territoire ;
- Garantir l'accès des populations à des services et des soins de santé de qualité ;
- Renforcer les capacités nationales de gestion du système de santé.

La politique nationale de santé repose sur les axes stratégiques suivants : *a*) promotion et protection de la santé ; *b*) garantie de l'accessibilité aux soins et services ; *c*) intégration des activités ; *d) promotion du secteur privé ; e*) renforcement des capacités de gestion du système de santé ; *f*) décentralisation du système de santé ; *g*) rationalisation des activités et utilisation des ressources ; et *h*) participation des collectivités et des individus.

La mise en œuvre de la politique nationale est guidée par quatre principes directeurs comme suit :

- Le Ministère de la santé assure la tutelle technique et administrative de la mise en œuvre de la politique nationale de santé sous le triple contrôle des pouvoirs exécutif, législatif et des représentants de la société civile ;

- L'État doit restructurer l'organisation et le fonctionnement de l'administration pour la mobilisation et l'utilisation optimale des ressources en vue d'une meilleure gestion du système de santé ;
- L'État doit assurer, grâce à ses fonctions de régulation et d'arbitrage et en tant que garant de la santé des citoyens, les conditions d'une saine concurrence et d'un développement harmonieux du système national de santé ;
- L'État recherche un meilleur rapport coût-efficacité dans la gestion du système national de santé en fonction des ressources disponibles et des priorités identifiées.

Plan national de développement sanitaire (PNDS) 2007–2011

La mise en œuvre de la politique nationale de santé s'appuie sur l'approche programme qui est concrétisée par le PNDS. Le PNDS 2007–2011 « s'inscrit dans le cadre de la réalisation des Objectifs du Millénaire pour le développement et ceux de 'la Nouvelle espérance (2002-2009)' et du 'Chemin d'avenir (2009–2016)', projets de société de son excellence Denis Sassou Nguesso, Président de la République, Chef de l'État, Chef du gouvernement », et vise notamment :

- Le renforcement du système de santé, surtout au niveau des circonscriptions socio-sanitaires ;
- Le développement des ressources humaines pour la santé ;
- La mise en place d'un système national d'information sanitaire opérationnel ;
- La garantie, à travers la mise en place de la Congolaise de médicaments essentiels génériques (COMEG), de l'accès aux médicaments essentiels génériques sur toute l'étendue du territoire national ;
- La mise en place d'une politique et de mécanismes durables de financement des soins de santé.

Les objectifs spécifiques du PNDS sont les suivants :

- Le renforcement des capacités de gestion à tous les niveaux du système de santé ;
- L'augmentation de la couverture sanitaire nationale par une rationalisation des centres de santé intégrés et des hôpitaux de référence et l'implication des services de santé des Forces armées congolaises et du *secteur privé*, afin de couvrir au moins 80 % de la population ;
- Le renforcement de la qualité des soins et des services dans les centres de santé intégrés et les hôpitaux par la mise en œuvre de programmes d'assurance qualité et le développement de services cliniques et d'appui spécialisés ;
- L'intégration des composantes opérationnelles de programmes spécifiques par la mise en place de directives et la décentralisation des ressources ;
- La redynamisation de la participation des populations à la gestion de leur propre santé et au fonctionnement du système de santé par le renforcement des organes et des mécanismes de participation ;
- Le renforcement du partenariat par la coopération bilatérale et multilatérale et la collaboration avec les secteurs connexes et la société civile.

Les résultats attendus de la mise en œuvre du PNDS concernant le secteur privé sont les suivants :

◾ Le cadre juridique de mise en œuvre du PNDS est renforcé par des textes relatifs à l'organisation et au fonctionnement du système de santé, à l'application des politiques nationales, au code de l'hygiène, au financement de la santé, à *la contribution du secteur privé à l'offre de soins*, à la réforme hospitalière et au développement des ressources humaines pour la santé.

◾ *Le secteur privé est mieux organisé et il participe à la mise en œuvre du PNDS.*

◾ Les normes d'organisation, d'équipement et de fonctionnement des *formations sanitaires* publiques et *privées*, ambulatoires et d'hospitalisation sont publiées.

Ainsi, bien que le PNDS mentionne à plusieurs reprises la *place importante du secteur privé* aux côtés du secteur public, seuls trois résultats attendus sur les 25 identifiés mentionnent le secteur privé, et un seul résultat concerne spécifiquement *le secteur privé* dans son ensemble, sans distinguer le secteur lucratif du secteur non lucratif. En revanche, le plan passe sous silence les actions requises et les ressources disponibles pour atteindre ce résultat spécifique, bien qu'il confirme qu'il conviendrait d'établir des partenariats. La quasi-absence d'informations disponibles sur *le secteur privé* (à buts lucratif *et* non lucratif) est significative et suggère que le Ministère de la santé et de la population (MSP) n'a pas encore concrétisé par des actes son intention de collaborer avec le secteur privé.

Le Programme de développement des services de santé (PDSS)

Le PDSS a été institué par le MSP en partenariat avec la Banque mondiale conformément au décret nᵒ 2008-25 du 31 décembre 2008. Il s'inscrit dans le cadre de la mise en œuvre du PNDS, des objectifs de la Stratégie intérimaire pour la réduction de la pauvreté et contribue à la réalisation de l'Objectif du Millénaire pour le développement correspondant. En 2008, la Banque mondiale a approuvé une subvention de l'Association internationale de développement de 40 millions de dollars sur une période de quatre ans au titre du PDSS.

Le PDSS a pour objectif « de contribuer au renforcement du système de santé pour lutter efficacement contre les principales maladies transmissibles et améliorer l'accès des femmes, des enfants et d'autres groupes vulnérables à des services de qualité ». Il souligne notamment le manque de mobilisation des autres secteurs, comme *le secteur privé,* la faible coordination des acteurs, notamment des partenaires extérieurs, ainsi que l'absence de collaboration intersectorielle.

Le PDSS comprend quatre composantes. La première consiste à renforcer les capacités de leadership nécessaires pour gérer un système de santé efficace, à tous les niveaux et dans le cadre du programme de décentralisation du gouvernement, notamment en matière de suivi et d'évaluation. La deuxième composante du programme consiste à concevoir et à mettre en place un système efficace et efficient de gestion des ressources humaines dans le secteur de la santé. La troisième composante concerne la réhabilitation et l'équipement des formations sanitaires. Enfin, la quatrième composante consiste à améliorer l'accès à un ensemble de services essentiels de santé de qualité (*World Bank 2008*).

Situation sanitaire

Le PNDS s'inscrit dans la réalisation des OMD fixés par l'Organisation des Nations Unies. Les chiffres du Congo concernant les trois OMD relatifs à la santé sont présentés dans le tableau 1.2 . La performance du Congo est comparée à celle de ses voisins régionaux d'Afrique subsaharienne et d'autres pays à revenu intermédiaire dans le monde.

En général, le Congo affiche des résultats qui sont à peine meilleurs (et parfois pires) que ceux de ses voisins d'Afrique subsaharienne, et toujours inférieurs à ceux des autres pays à revenu intermédiaire. Pour la plupart des indicateurs concernés, le Congo n'atteindra pas les OMD en 2015. Alors que le pays est relativement riche en ressources, avec une population peu importante et assez urbanisée, ces résultats très décevants s'expliquent par la mauvaise performance du système public de santé, qui a été aggravée par la destruction des infrastructures lors de la guerre civile, et par le niveau élevé de pauvreté au sein de la population.

Tableau 1.2. Indicateurs de santé relatifs aux OMD

	Congo	Afrique sub-saharienne	Pays à revenu intermédiaire
OMD 4 : Réduire la mortalité de l'enfant			
Pourcentage de couverture par la vaccination contre la rougeole	79	76	86
Taux de mortalité des enfants de moins de 5 ans pour 1 000 naissances vivantes	127	120	52
Taux de mortalité néonatale pour 1 000 naissances vivantes	80	76	39
OMD 5 : Améliorer la santé maternelle			
Taux de mortalité maternelle pour 100 000 naissances vivantes	740	832	319
Prévalence de la contraception	44	25	59
Pourcentage de couverture pour les soins anténatals : au moins une visite	86	81	93
OMD 6 : Combattre le VIH/sida, le paludisme et d'autres maladies			
Prévalence du VIH chez les adultes de 15 ans et plus pour 100 000 habitants	3	6	2
Pourcentage de couverture pour le traitement antirétroviral chez les personnes à un stade avancé de l'infection à VIH	33	49	46
Taux de mortalité due au paludisme pour 100 000 habitants	116	2 763	1 183
Prévalence de la tuberculose pour 100 000 habitants	390	352	150

Sources : World Bank 2009 ; UNICEF 2005 ; UNAIDS 2010 ; World Health Organization 2011a ; World Health Organization 2010.

Le Congo est moins performant que la moyenne des pays à revenu intermédiaire pour chacun des indicateurs sanitaires retenus pour les OMD en matière de santé. Il affiche de meilleurs résultats que la plupart des pays d'Afrique subsaharienne pour tous les indicateurs concernant la santé maternelle, mais les taux de mortalité infantile et les prévalences du VIH/sida et de la tuberculose sont en revanche plus élevés que ceux de ses voisins.

Le gouvernement congolais a conscience que ses mauvais indicateurs sanitaires sont liés à la faible performance du système de santé. Il explique dans le *Rapport national des progrès vers l'atteinte des Objectifs du Millénaire pour le développement* que

> « *Malgré les efforts entrepris par le gouvernement en matière de construction et de réhabilitation de centres de santé, de mise à disposition de médicaments à moindre coût, de prise en charge complète de certaines catégories de populations telles que les enfants de moins de 15 ans pour le paludisme ou les femmes enceintes, la distribution gratuite de moustiquaires imprégnées d'insecticides,*

la gratuité d'accès aux antirétroviraux pour les malades du sida, les progrès sont quasi insignifiants. La très faible performance du système de santé, mal-gré les efforts du gouvernement pour en améliorer l'efficacité, la faible qualité des prestations de services ont annihilé les efforts entrepris. Une réflexion en profondeur devrait être conduite sur le système de santé congolais. »

Ressources humaines

Les ressources humaines constituent une part importante du système de santé. Malheureusement, il n'existe que peu de données fiables à cet égard dans le secteur de la santé au Congo. Le MSP ne possède à aucun niveau de données fiables sur les ressources humaines du système de santé (central, intermédiaire et périphérique), tant pour le secteur public que privé. Les données présentées sont donc à interpréter avec prudence.

Selon le MSP, le pays disposait en 2005 d'un effectif global d'environ 10 899 agents de santé toutes catégories confondues, répartis entre le secteur public (73,9 %) et le secteur privé (26,1 %). Ce ratio cache d'énormes disparités entre les départements, notamment entre les zones rurales et les zones urbaines.

Les effectifs de personnel relevant du MSP, toutes catégories confondues, sont passés de 8 050 en 2005 à 10 376 agents en 2006, soit une augmentation de 22,4 %. Cette évolution consécutive aux récents recrutements opérés dans la fonction publique n'a pas couvert tous les besoins car plusieurs formations sanitaires demeurent encore fermées par manque de personnel.

En 2005, on dénombrait, sur l'ensemble du territoire, 2 849 agents de santé travaillant exclusivement dans le secteur privé de la santé, dont 1 766 agents de sexe masculin (61,9 %) et 1 083 (39,1 %) de sexe féminin[6]. Par ailleurs, il faut souligner que de nombreux agents du secteur public travaillent également à temps partiel dans le secteur privé. Cet état de fait n'a pu être quantifié.

À l'instar du secteur public, le secteur privé est caractérisé par une répartition inégale du personnel de santé sur le territoire congolais. En effet, Brazzaville compte à elle seule 1 464 agents de santé, soit 51,2 % de l'effectif total, ce qui représente plus de la moitié du personnel du secteur privé alors que l'on n'y compte que 33 % de la population du pays (CNSEE ECOM 2005). Si l'on y ajoute le personnel situé dans le département du Kouilou, où se trouve Pointe-Noire, dont l'effectif s'élève à 825 agents, soit 29 % du total, on se rend compte que seul un agent du secteur privé sur cinq travaille dans l'un des huit autres départements.

En 2005, la répartition du personnel de santé du secteur privé dans les différents départements se présentait comme suit :

Les dépenses de santé

Selon les comptes nationaux de santé publiés par l'Organisation mondiale de la santé[7], les dépenses totales en santé en 2008 ont représenté 1,8 % du PIB. La part des dépenses publiques en santé a représenté 5,1 % des dépenses publiques nationales en 2008.

La figure 1.3 indique le pourcentage des dépenses des administrations publiques en matière de santé par rapport aux dépenses totales de l'État, comparé à la moyenne en Afrique et à celle des pays à revenu intermédiaire. En termes relatifs, le pourcentage des dépenses publiques de santé par rapport aux dépenses totales de l'État est largement en dessous de la moyenne enregistrée pour l'Afrique.

Figure 1.2. Répartition du personnel de santé du secteur privé par département en 2005

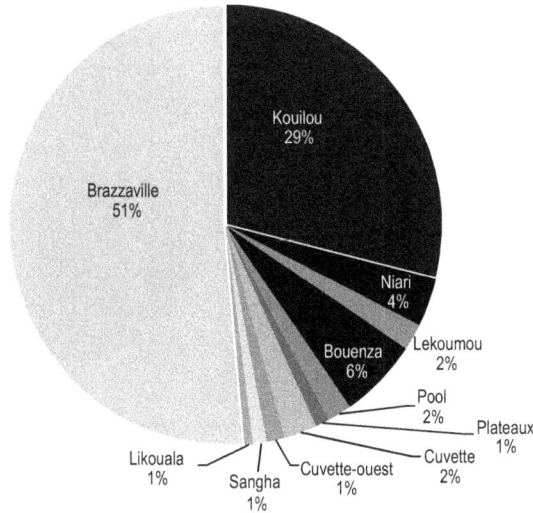

Source : Ministère de la santé et de la population de la République du Congo 2005.

Figure 1.3. Comparaison régionale et mondiale des dépenses des administrations publiques en matière de santé

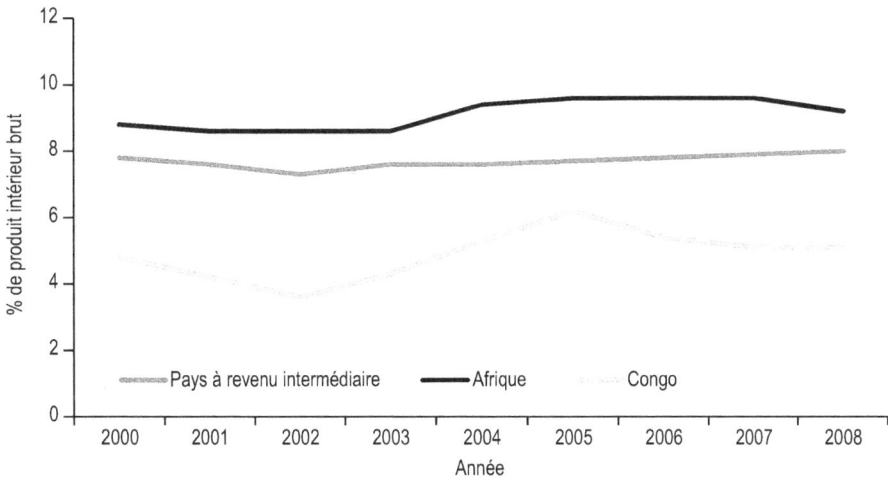

Source : World Health Organization 2011b.

Les figures 1.4 et 1.5 indiquent, pour le Congo, l'évolution de la part des dépenses publiques et privées dans les dépenses totales de santé entre les années 2000 et 2008. On constate que la part relative des dépenses publiques a diminué durant cette période, même si ces dernières ont augmenté en valeur absolue, et que la part relative et le montant des dépenses privées ont en revanche augmenté.

Figure 1.4. Dépenses publiques et privées en matière de santé en 2000

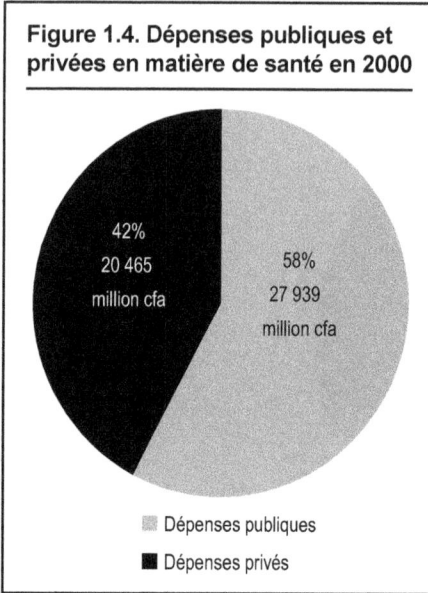

42%
20 465
million cfa

58%
27 939
million cfa

▨ Dépenses publiques
■ Dépenses privés

Source : World Health Organization 2011b.

Figure 1.5. Dépenses publiques et privées en 2008

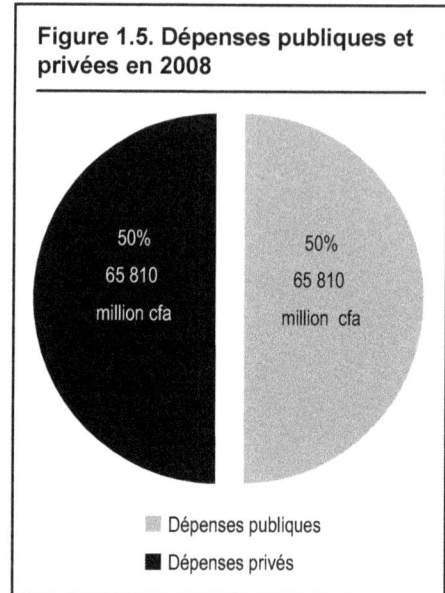

50%
65 810
million cfa

50%
65 810
million cfa

▨ Dépenses publiques
■ Dépenses privés

Source : World Health Organization 2011b.

En 2008, les dépenses des administrations sanitaires publiques représentaient 50 % des dépenses totales de santé. Le reste (50 %) était constitué par des dépenses privées qui sont, au moment de l'analyse effectuée par l'OMS, entièrement assurées par les ménages.

Le pourcentage des dépenses privées en santé qui sont assurées directement par les ménages est élevé au Congo (voir figure 1.6 pour une comparaison avec la moyenne des pays d'Afrique et des pays à revenu intermédiaire). Ceci indique qu'il existe peu de mécanismes de financement de la demande (par exemple, l'assurance maladie) et que les dépenses en soins de santé peuvent constituer un lourd fardeau pour les familles.

Figure 1.6. Dépenses des ménages en pourcentage des dépenses privées en matière de santé

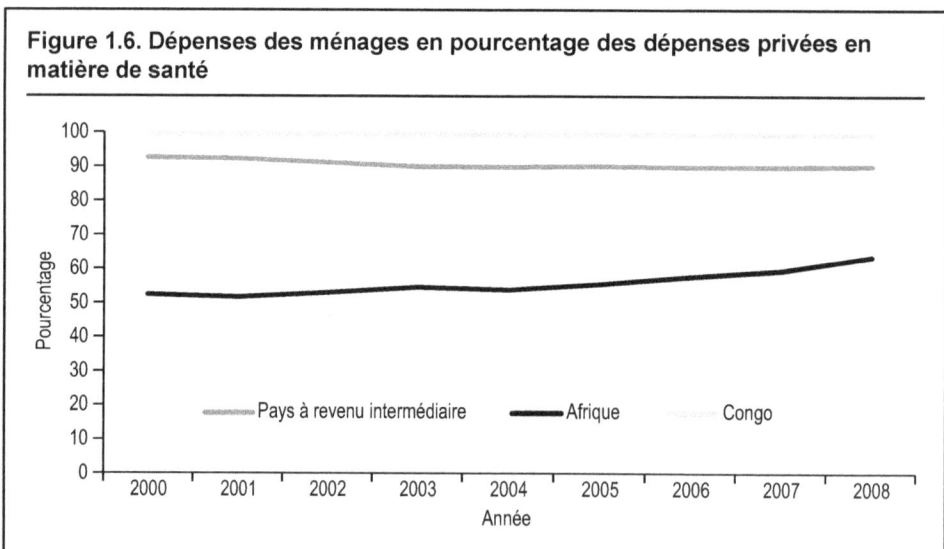

Pourcentage

Pays à revenu intermédiaire   Afrique   Congo

Année

Sources : Ministère du plan, de l'aménagement du territoire et de l'intégration économique de la République du Congo 2006 ; World Health Organization 2011b.

Synthèse et conclusions

La synthèse et les conclusions de l'analyse du contexte congolais par rapport au rôle que joue le secteur privé en matière de santé ont mis en évidence les points suivants :

- Le rôle du secteur privé dans le domaine de la santé n'est officiellement reconnu par le gouvernement du Congo que depuis 1988. Les plans et stratégies récents de ce secteur indiquent un désir de collaboration entre les secteurs public et privé. Toutefois, peu d'informations sont disponibles sur le rôle que joue réellement le secteur privé dans le domaine de la santé.
- Le Congo a connu plusieurs périodes d'instabilité politique depuis son indépendance. Depuis 2000 toutefois, le pays est stable et en paix.
- Bien que le Congo soit riche en ressources naturelles, un pourcentage important de sa population continue de vivre dans la pauvreté.
- Le Congo tente de remédier à un climat peu propice au développement des entreprises en lançant plusieurs initiatives visant à créer des conditions plus favorables pour le secteur privé. Néanmoins, le secteur de la santé n'est pas intégré de façon significative dans ces initiatives.
- Le secteur privé, y compris le secteur privé non lucratif, n'est pas pris en compte en tant qu'acteur et partenaire dans la réalisation de la politique et du plan national de santé. Le MDS a récemment montré une volonté (dans le PDSS) de s'associer avec le secteur privé comme un acteur important.
- Il existe peu de relations officielles entre les secteurs public et privé de la santé. Celles qui sont établies se limitent au processus d'autorisation du secteur public pour permettre aux prestataires privés d'exercer, aux questions fiscales, ainsi qu'à la réglementation.
- Les indicateurs de santé du Congo sont à peine meilleurs que ceux des pays d'Afrique subsaharienne plus pauvres et ils sont inférieurs aux indicateurs des pays appartenant, comme le Congo, à la catégorie des pays à revenu intermédiaire.
- Le Congo dépense moins pour la santé par rapport à son revenu que d'autres pays d'Afrique subsaharienne et que les pays à revenu intermédiaire. Environ la moitié du total des dépenses de santé vient des ménages.

2. Description du système des soins de santé congolais et de sa composante privée

Introduction

Le présent chapitre expose l'organisation des secteurs public et privé de la santé ainsi que leur champ d'action. Il décrit aussi les conditions particulières auxquelles sont soumis les acteurs du secteur privé dans le domaine de la santé pour ce qui est du cadre juridique qui régit les activités de santé privées, le rôle des ordres nationaux, l'organisation du secteur privé de la santé et la fiscalité à laquelle sont soumis les acteurs du secteur privé.

Organisation du système de santé

Le secteur de la santé du Congo est constitué des structures du secteur public, du secteur privé et des structures des sociétés paraétatiques :

- ▨ Le secteur public comprend les structures de gestion et de soins sous tutelle du MSP ou des Ministères de l'enseignement technique et professionnel et de l'enseignement supérieur;
- ▨ Le secteur privé est composé de structures privées à but non lucratif (confessions religieuses et diverses organisations non gouvernementales) et à but lucratif ; et
- ▨ Les structures des sociétés paraétatiques comme la Congolaise des médicaments essentiels et génériques (COMEG).

Le système public de santé du Congo s'articule autour des trois niveaux opérationnels suivants :

- ▨ *Le niveau central* : Dirigé par le MSP, il joue un rôle stratégique et normatif dans la planification, l'évaluation, la coordination et l'allocation des ressources pour la santé. Le MSP met principalement l'accent sur la prestation de soins de santé par le secteur public, mais il assume également une fonction de régisseur, étant responsable de la réglementation du secteur privé. Le niveau central comprend le cabinet du Ministre en charge de la santé, les directions rattachées (études et planification, coopération), l'inspection générale de santé et deux directions générales (santé, population). Il comprend en outre les établissements de troisième niveau de référence (centre hospitalier universitaire, Laboratoire national de santé publique, Centre national de transfusion sanguine).
- ▨ *Le niveau intermédiaire* : Il comprend les Directions départementales de la santé (DDS) qui sont chacune composées des services suivants : action sanitaire, études, planification et formation, administration, finances, personnel et matériel. Le niveau intermédiaire est composé également des hôpitaux généraux ou hôpitaux de 2e référence, qui sont des établissements de référence pour les hôpitaux de base. Les DDS jouent un rôle d'appui technique aux Circonscriptions socio- sanitaires (CSS) dans la transmission des informations, l'adaptation spécifique des normes nationales aux conditions locales, leur application et la supervision des équipes-cadres des CSS.
- ▨ *Le niveau primaire* : Il est constitué de CSS, composées chacune d'un réseau de formations sanitaires comprenant des centres de santé intégrés, cabinets médicaux et centres médico-sociaux appuyés par un hôpital de base, ou hôpital de 1ère référence.

La plupart des prestataires privés opèrent au niveau primaire du système de santé. Ils offrent des soins ambulatoires, que complètent des hôpitaux de niveau secondaire, ces derniers étant principalement situés dans les zones rurales et gérés par des organisations confessionnelles (voir la section intitulée « La structure du secteur privé de la santé » ci-après, pour plus de détails).

Deux directions dépendant de la Direction générale de la santé (DGS) du MSP supervisent le secteur privé de la santé : la DSS et la Direction des pharmacies, des laboratoires et du médicament (DPHLM). Ces deux directions sont chargées du développement des normes et des directives pour les secteurs public et privé ; de la supervision de la mise en œuvre des directives ; de la vérification et de la gestion des dossiers soumis pour autorisation provisoire et définitive d'exercice des établissements de santé privés, ainsi que de leur suivi. Les tâches de supervision et de suivi sont déléguées aux DDS. De plus, les services des DDS effectuent aussi des visites de supervision dans les structures de santé privées et, en principe, devraient rendre compte des activités de tout prestataire de services de santé, public et privé, au système national d'information sanitaire à la DGS.

L'autorité réglementaire au sein du MSP, spécifique à chaque groupe de prestataires, est présentée dans le tableau 2.1[8].

Tableau 2.1. Autorité réglementaire par type de prestataire privé

Type de prestataire[a]	Autorité réglementaire
Prestataires de soins privés	Direction des services sanitaires
Laboratoires d'analyses médicales	Direction des pharmacies, des laboratoires et du médicament
Centres d'imageries médicales	Direction des pharmacies, des laboratoires et du médicament
Grossistes	Direction des pharmacies, des laboratoires et du médicament
Pharmacies	Direction des pharmacies, des laboratoires et du médicament
Tradithérapeutes	Service de la médecine traditionnelle, Direction des services sanitaires

Source : auteurs
[a] Les différents types de prestataires privés qui font l'objet de la présente étude.

Sous l'égide de l'Inspection générale de la santé, deux directions (l'Inspection des pharmacies et laboratoires et l'Inspection des formations sanitaires publiques et privées) sont responsables de l'inspection et du suivi régulier des établissements de santé privés, l'une pour les pharmacies et laboratoires, l'autre pour les formations sanitaires publiques et privées.

Structure du secteur privé de la santé

Après l'indépendance en 1960, l'État a procédé à des nationalisations de grande envergure et ce n'est qu'à partir des années 1990-1992 que le secteur privé a réapparu. Il se compose de structures à but non lucratif [organisation non gouvernementale (ONG), confessions religieuses] et de structures à but lucratif[9].

Au total, la carte sanitaire de 2005 a recensé 1 712 structures de santé réparties à travers le territoire. La figure 2.1 indique le type de structure de santé disponible au Congo par secteur. La majorité de ces structures sont privées (59 %), parmi lesquelles la grande majorité sont à but lucratif (88 %) et situées dans les zones urbaines et semi-urbaines (90%). Les figures 2.2 et 2.3 indiquent la configuration des structures de santé au Congo :

Les recensements des structures privées de santé à Brazzaville et à Pointe-Noire, réalisés en 2010 par les DDS de Brazzaville et de Pointe-Noire, respectivement, ont permis de dénombrer 191 structures privées à Brazzaville et 326 structures privées à Pointe-Noire.

Exercice privé de l'enseignement

Conformément au décret n° 99-281 du 31 décembre 1999 portant rectificatif au décret n° 96-221 du 13 mai 1996 portant réglementation de l'exercice privé de l'enseignement, la santé publique ne peut faire l'objet d'un exercice privé de l'enseignement. Par conséquent, le secteur privé (lucratif et non lucratif) ne peut pas ouvrir et gérer des écoles

Figure 2.1. Statut des structures selon le type

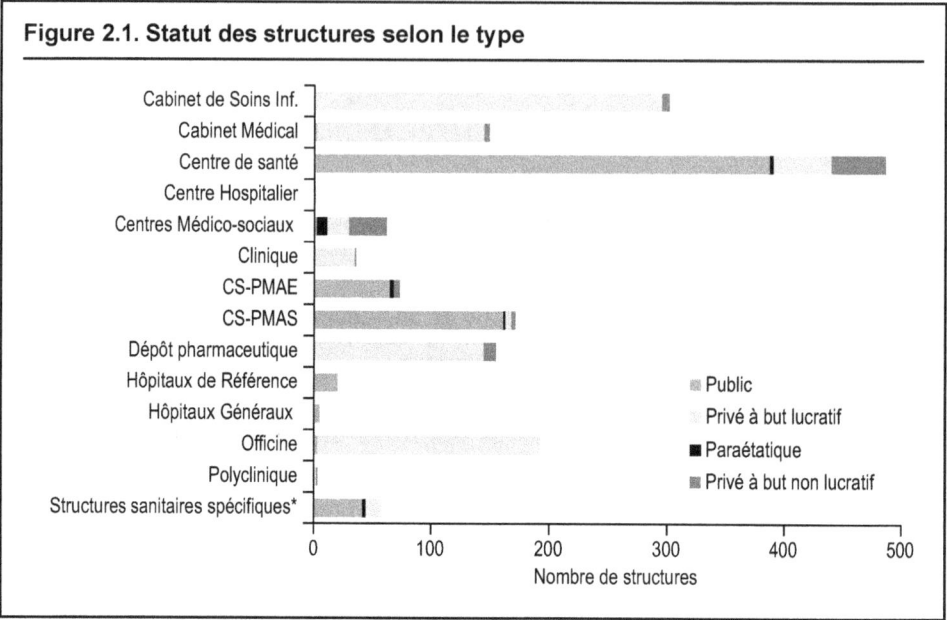

Source : Ministère de la santé et de la population de la République du Congo 2005.
* Y compris les services de traitement ambulatoire, de dépistage anonyme et volontaire, de l'anti-tuber-culose, de transfusion sanguine et du laboratoire national

Figure 2.2. Répartition des structures de santé par secteur

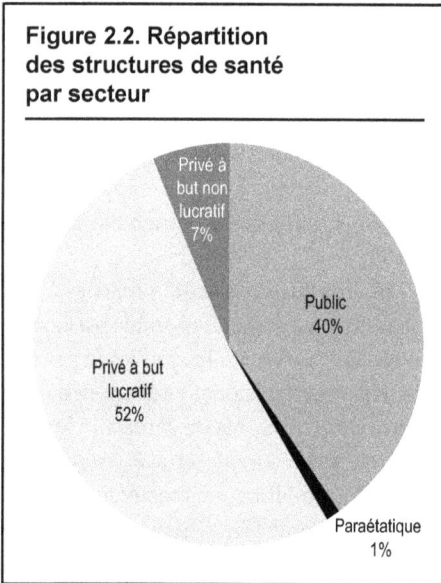

Source : Ministère de la santé et de la population de la République du Congo 2005.

Figure 2.3. Répartition des structures privées de santé par milieu d'implantation

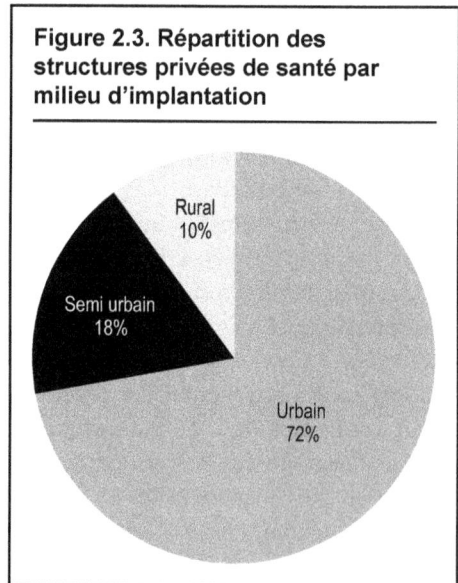

Source : Ministère de la santé et de la population de la République du Congo 2005.

privées dans le domaine de la santé. Cette exclusion est propre au Congo et constitue l'exception dans la région de l'Afrique centrale. Une seule école associative autorisée existe, notamment une école des métiers formant à des emplois tels que préparateur ou vendeur en pharmacie.

Au niveau national, les écoles de formation de santé ne forment pas tous les profils de professionnels dont le système de santé a besoin. Aucun plan stratégique de formation n'existe. De surcroît, aucune politique visant à promouvoir l'accès à la formation continue pour le personnel du secteur privé n'a été formulée.

Cadre juridique pour les prestataires de soins privés

L'exercice de la médecine privée au Congo est autorisé sous certaines conditions. Une brève analyse du cadre juridique et des textes légaux portant sur le secteur privé sont présentés à l'annexe E. Les principaux décrets sont les suivants :

- Décret n° 88/430 du 6 juin 1988 portant sur la libéralisation de la médecine et des professions paramédicales et pharmaceutiques. Les cabinets médicaux, cliniques, structures pharmaceutiques (officines, grossistes répartiteurs), laboratoires d'analyses biomédicales et structures de médecine traditionnelle ont ainsi pu s'établir en tant que structures privées à buts lucratif, non lucratif ou paraétatiques. En outre, le décret a facilité la mise en place de centres médico-sociaux (CMS) dans les entreprises, tant publiques que privées. Selon les dispositions de l'arrêté n° 2232/MSAS/DGSP du 5 juin 1991 fixant les conditions d'implantation et d'ouverture des formations sanitaires privées, l'exercice en secteur privé des professions médicales et paramédicales est réservé aux seuls ressortissants de nationalité congolaise.
- Décret n° 2232/MSAS/DGS du 5 juin 1991 fixant les conditions d'implantation et d'ouverture des formations sanitaires privées à vocation ambulatoire.
- NOTE CIRCULAIRE n° 869/MSP/DGS/DSS du 30 septembre 2002 portant réglementation de la pratique médicale des tradipraticiens, confessions religieuses, associations et ONG de médecine traditionnelle.

Autorisation d'exercer

Tous les prestataires de santé doivent obtenir une autorisation formelle accordée par le MSP ainsi que par le Centre de formalité des entreprises (CFE) pour pouvoir exercer en privé.

Procédure auprès du Ministère de la santé (MSP)

Le MSP, à travers les DDS, reçoit, évalue et transmet au niveau central pour prise de décision les demandes d'ouverture ou d'installation en privé. Cette procédure se fait en deux étapes, provisoire et définitive. Ces étapes sont obligatoires pour la médecine libérale, la pratique médicale par les tradipraticiens, les confessions religieuses, les associations, les ONG ainsi que le secteur pharmaceutique. L'autorisation provisoire est valable un an, avec possibilité de prorogation par le Ministère pour une année supplémentaire. Le processus et les procédures sont décrits à l'annexe F.

En résumé, le processus se compose des étapes suivantes :

▨ Vérification des conditions essentielles, notamment en matière de formation universitaire, de qualifications (par exemple ancienneté de plus de trois ans) et juridiques (être membre de l'ordre professionnel pertinent) ;

▨ Demande manuscrite accompagnée des documents administratifs concernant le dossier administratif du promoteur, le dossier technique de la structure et l'état détaillé du personnel (voir la liste à l'annexe E) devant être approuvés par la DDS, et adressée ensuite au MSP (DGS) sous pli recommandé avec demande d'avis de réception. La demande doit être accompagnée de la quittance de paiement des frais d'ouverture de formation (aussi appelés « frais d'études ») délivrée par le Régisseur du Trésor public et affectée à la DGS (voir la liste du montant des frais par type d'établissement privé à l'annexe F : les tarifs varient, de 200 000 FCFA pour un cabinet de soins infirmiers, 500 000 FCFA pour un centre médico-social, à 700 000 FCFA pour une formation sanitaire « à vocation hospitalière »).

Après examen par le MSP de la conformité des diplômes et de la validité du dossier, et après paiement des sommes prévues au titre des frais d'étude de dossier, il est octroyé une autorisation provisoire d'exercer pour une année (signée par le MSP).

Avant l'expiration de ce délai, et aux fins d'obtenir une autorisation définitive, le demandeur reformule une demande manuscrite et complète le dossier par les éléments suivants :

▨ Attestation d'acquittement des obligations auprès des Ministères du commerce, du travail, de la sécurité sociale et de la justice ;

▨ Attestation de déclaration auprès des services des contributions directes ;

▨ Dossier du personnel certifié conforme par la DDS ;

▨ Attestation d'assurance des locaux et pour risques professionnels.

Une fois ces différents éléments administratifs réunis, l'autorisation définitive est délivrée par le MSP, subordonnée aux conditions d'une visite ayant pour objet de constater la conformité des installations aux normes en vigueur et aux éléments et conditions sur la base desquels l'autorisation est accordée. Cette visite est réalisée par la DG (ou par la DDS pour les structures éloignées), qui rend compte au Ministre et fait connaître au demandeur, le cas échéant, les transformations à réaliser. L'autorisation définitive est prononcée par arrêté ministériel et notifiée à l'intéressé par lettre recommandée.

Concernant plus particulièrement les confessions religieuses, les associations et les ONG, la procédure exige des informations complémentaires. Aux fins d'obtention de l'autorisation provisoire, le dossier doit être complété par un arrêté d'agrément de la confession religieuse, de l'association et de l'ONG, et par une copie des statuts et du règlement intérieur. L'autorisation définitive est également délivrée par le MSP après rapport circonstancié de la DG.

Le chapitre 4 fait état de la situation au regard des autorisations parmi les groupes de prestataires de soins interrogés dans la présente étude.

Procédure auprès du Centre de formalité des entreprises (CFE)

Le CFE est un service public créé par le décret n° 94-568 du 10 octobre 1994 modifié par le décret n° 95-183 du 18 octobre 1995. Il est placé sous la tutelle du Ministère des PME chargé de l'artisanat et est chargé des tâches suivantes :

▓ Observer l'environnement des entreprises et identifier tous mécanismes, procédures et formalités complexes qui empêchent les Congolais de créer, de modifier ou de cesser une activité économique afin de les simplifier et d'en réduire la durée et le coût ; et

▓ Recevoir en un seul lieu (guichet unique), avec un document unique, en un seul paiement et en moins d'une heure, toutes déclarations liées à la création, au transfert, à la prolongation, à la modification et à la cessation d'une activité.

Les procédures (demande d'autorisation d'exercice de la profession de commerçant pour les personnes physiques, pour les personnes morales ainsi que carte professionnelle de commerçant) et les frais d'enregistrement sont décrits à l'annexe G. Il convient de déclarer auprès du CFE l'immatriculation de l'entreprise, les modifications éventuelles (par exemple prolongation, changement de localité) et la cessation temporaire, partielle ou totale de l'activité. Ceci est accompli en remplissant le formulaire unique (disponible au guichet unique de la circonscription) et en soumettant les pièces justificatives légales (voir la liste à l'annexe G) ainsi que les frais d'enregistrement. Les frais de création d'une entreprise individuelle sont de 110 000 FCFA, de création d'une société de 280 000 FCFA, de modification de l'activité de 160 000 FCFA, et les frais d'autorisation pour une entreprise étrangère s'élèvent à 3 000 000 FCFA.

Les ordres nationaux

Les trois ordres nationaux des médecins, des pharmaciens et des sages-femmes regroupent, en principe, respectivement tous les médecins, pharmaciens et sages-femmes habilités à exercer leur profession en République du Congo. Ils sont tous dotés de la personnalité juridique et « veillent au maintien des principes de moralité, de probité, de dévouement et de compétences indispensables à l'exercice de leurs professions ainsi qu'à l'observation par tous leurs membres des devoirs professionnels et des règles édictées par le code de déontologie ».

Le code de déontologie qui traite de la morale professionnelle et de l'éthique que doivent observer les personnels de la santé (Art. 2, Loi 009/88 du 23 mai 1988, code de déontologie) jette les bases de la création des ordres nationaux des professions dans le domaine de la santé. Les ordres nationaux assurent la défense de l'honneur, le respect des devoirs et l'indépendance de leurs professions respectives. En bref, leurs fonctions premières consistent à assurer le suivi par tous les médecins et pharmaciens des normes d'éthique. Cependant, ils ne peuvent pas se prévaloir de la défense des intérêts matériels de leurs membres, qui relève du domaine exclusif des syndicats. L'ordre des médecins n'a aucune latitude pour autoriser l'ouverture d'une structure médicale et il ne joue aucun rôle de régulation ni d'inspection concernant l'exercice de la médecine libérale.

Les organes des différents ordres professionnels de la santé sont mis en place par l'intermédiaire d'élections au cours des assemblées générales convoquées à cet effet. Le Ministre de la santé convoque les assemblées générales constitutives. Les ordres sont constitués par l'adhésion volontaire de leurs membres et sont financés par les contributions de ceux-ci.

Structuration associative du secteur privé de la santé

Quelques sous-groupes de professionnels ou types de prestataires de services de santé se sont organisés dans des unités collectives pour représenter leurs intérêts.

Le secteur pharmaceutique dispose d'un Ordre national des pharmaciens performant et respecté, d'un syndicat actif (Syndicat national de pharmaciens du Congo, le SYNAPHAC), et de l'Association des pharmaciens du Congo (ASPHAC)[10]. La situation concernant les médecins est différente. Il existe un Ordre national des médecins mais aucun syndicat, exception faite d'un groupe qui représente certains prestataires de soins confessionnels, l'Action médico-sociale catholique du Congo. Pour ce qui concerne les tradipraticiens, plusieurs initiatives ont été prises récemment pour mieux structurer ce secteur : création en cours de la Fédération nationale des tradithérapeutes (trois fédérations départementales ont déjà été créées), développement de projet de politique nationale de la médecine traditionnelle et plan national de développement de la médecine traditionnelle.

Fiscalité

Les établissements privés de santé, y compris les établissements confessionnels, sont traités comme des entités commerciales. Ils sont donc soumis aux taxes et impôts. Par contre, certaines structures ayant des missions socio-sanitaires sont exonérées de taxes (telles que la taxe sur la valeur ajoutée) suivant des conventions signées avec le Ministère de la santé. La liste des taxes et impôts classiques inclut, entre autres, les contributions suivantes (liste non exhaustive) :

- Ministère du commerce (taxes annuelles) ;
- Ministère des finances (impôts et douanes) ;
- Ministère du travail [Office national de l'emploi et de la main-d'œuvre (ONEMO), Centre national de sécurité sociale, cotisations sociales s'élevant à 24,8 %].

Pour le démarrage d'une activité par une structure privée de santé, il convient de s'acquitter de certaines taxes en une seule fois, dès le début de la procédure :

- 60 000 FCFA au CFE pour les frais de déclaration d'activité, d'enregistrement et d'affiliation à la Chambre de commerce ;
- 70 000 FCFA à la DDS pour les frais d'autorisation d'ouverture ;
- 80 000 FCFA à la Direction départementale de l'Ordre des médecins pour l'inscription du promoteur à l'Ordre des médecins ;
- 10 000 FCFA à l'Inspection divisionnaire des Impôts pour obtenir un numéro d'identification fiscale ;
- Un montant (variant selon la taille de l'entreprise) pour l'enregistrement auprès de l'ONEMO.

Les taxes annuelles comprennent :

- La taxe immobilière (le montant dépend de la valeur de l'immeuble) ;
- La patente (le montant dépend de la valeur estimée des activités) ;
- Le bénéfice non commercial (le montant dépend du bénéfice annuel réalisé) ;
- Les taxes régionales et municipales.

Les taxes mensuelles sont les suivantes :

- Impôt salarial ;
- Caisse de sécurité sociale (12 % des salaires plafonnés à 1 200 000 FCFA par mois ; la majeure partie étant payée par l'employeur) ;
- Frais de l'ONEMO ;

- Frais de Société de promotion et de gestion immobilière (2 % de la masse salariale) ;
- Fonds national de l'habitat (1 % du traitement brut des salariés).

Pour les grossistes qui importent des médicaments ou des produits pharmaceutiques, les frais de douane et d'importation se présentent comme suit :

- Tarif extérieur commun, c'est-à-dire les droits de douane (5 %) ;
- Taxe communautaire d'intégration (1 %) ;
- Redevance informatique (2 %) ;
- Contribution commune d'intégration (0,4 %) ;
- Taxe receveur (0,1 %).

La liste exhaustive des taxes à payer par une structure privée de santé figure à l'annexe G.

Synthèse et conclusions

Les éléments clés du système de santé au Congo par rapport au rôle joué par le secteur privé sont les suivants :

- Le Congo a une structure pyramidale typique pour ses services de santé fournis par l'État, comprenant des établissements d'hospitalisation et de soins ambulatoires, avec le Ministère de la santé, le centre hospitalier universitaire et le laboratoire national situés au sommet de la pyramide.
- Le Ministère de la santé travaille à travers les DDS pour superviser tous les prestataires de services de santé. La Direction des pharmacies, des laboratoires et du médicament supervise les pharmacies privées, les laboratoires et les centres d'imagerie médicale. La Direction des services sanitaires supervise les prestataires du secteur privé et comprend un service qui s'occupe spécifiquement des tradithérapeutes.
- Les acteurs du secteur privé se concentrent sur la fourniture de soins primaires, de produits pharmaceutiques et sur les hospitalisations secondaires. En 2005, 59% des 1 712 structures de santé du pays étaient privées, parmi lesquelles la grande majorité était à but lucratif (88%) et situées dans les zones urbaines et semi-urbaines (90%).
- Les chiffres relatifs aux ressources humaines pour la santé dans le secteur public comme dans le secteur privé ne sont pas fiables. Il y a une concentration de ressources humaines dans les zones urbaines. La pratique non officielle de l'exercice simultanément dans le public et dans le privé est très répandue mais elle n'a pas été quantifiée.
- Le secteur privé n'est pas autorisé à former des ressources humaines du secteur de la santé. Il n'y a pas de plan stratégique pour le développement des ressources humaines du secteur.
- Il existe un certain nombre de textes légaux qui définissent le rôle du secteur sanitaire privé et une série complexe de démarches administratives à suivre pour ouvrir un établissement privé.
- Les entreprises sanitaires sont traitées comme des entreprises privées d'autres secteurs et elles sont donc soumises aux démarches et à la fiscalité prévues par

le CFE du Ministère du commerce, plus les droits de douane et contributions sociales pour les employés.

▨ Les prestataires privés sont très peu organisés au sein d'associations profession-nelles. Leur organisation se limite généralement à l'appartenance aux ordres na-tionaux des différentes professions dans le domaine de la santé. À l'exception des pharmaciens, la plupart des prestataires privés n'ont aucun groupe pour représenter leurs intérêts.

3. Méthodologie et limites de l'étude

La méthodologie de l'étude comprend les éléments suivants :

▨ Une analyse du cadre institutionnel (revue documentaire et entretiens guidés)
▨ Une analyse multidimensionnelle de l'offre (analyse des données existantes, col-lecte et analyse de données quantitatives et qualitatives auprès d'échantillons d'acteurs, entretiens interactifs et groupes de discussion)
▨ Une analyse multidimensionnelle de la demande (analyse de données quantita-tives issues de l'EDS 2005 et de l'ECOM 2005 du Congo et discussions en « *focus groups* »)

Analyse du cadre institutionnel

L'analyse du cadre institutionnel s'est fondée sur *a*) les interviews des informateurs clés conduites avec des guides d'entretiens interactifs, et *b*) sur l'examen de documents et de textes légaux. Bon nombre d'informateurs clés sollicités dans le cadre de cette analyse sont des cadres du Ministère de la santé. Des entretiens ont également été réalisés avec des représentants des acteurs privés de la santé et des informateurs clés issus d'autres ministères, tels que celui des finances (fiscalité), du développement industriel et de la pro-motion du secteur privé (appui), et de l'enseignement technique et professionnel (forma-tion). Le Ministère de l'économie forestière et le Ministère de l'agriculture ont aussi été sollicités pour des interviews en raison de leur expérience en matière de Partenariat pu-blic-privé (PPP). Lors de chaque interview, les textes, les analyses et autres documents pertinents pour l'étude ont été collectés (voir la liste des documents à l'annexe B).

Analyse multidimensionnelle de l'offre

L'offre de services privés de santé a été analysée à partir : *a*) des données existantes (carte sanitaire, inventaire des prestataires privés), *b*) d'enquêtes auprès d'un échantillon d'acteurs dans les trois sites de l'étude (Brazzaville, Pointe-Noire et Ouesso-Pokola), *c*) d'entretiens interactifs avec des informateurs clés et un sous-échantillon des acteurs pri-vés interrogés, et *d*) de groupes de discussion.

Une enquête par questionnaire court a été menée sur un échantillon de 63 presta-taires de services de santé dans les trois sites. Des entretiens interactifs et approfondis ont été effectués en utilisant un questionnaire long auprès d'un sous-échantillon compo-sé de 20 acteurs parmi les 63 acteurs questionnés par questionnaire court. Les entretiens avec les informateurs clés, les principaux prestataires de soins de services privés, les ordres professionnels et les représentants des prestataires à but non lucratif ont été menés au moyen de guides d'entretiens. Des groupes de discussion ont été organisés avec des pharmaciens, des responsables de laboratoires d'analyses médicales et de centres d'imagerie médicale, ainsi que des tradithérapeutes.

Analyse multidimensionnelle de la demande

L'analyse de la demande en services de santé fournis par les acteurs privés a reposé sur : *a)* des analyses complémentaires des données issues de l'EDS 2005 et de l'ECOM 2005, et *b)* l'organisation de groupes de discussion dans les communautés situées dans les sites d'enquête de l'étude.

L'EDS 2005 est une enquête d'envergure nationale menée auprès de 5 879 ménages. Elle comprend des questions sur le choix des prestataires de soins par les usagers. L'EDS s'est concentrée sur les soins prioritaires des enfants (liés à la fièvre, la toux) et des mères (consultations prénatales, accouchement), le planning familial, le traitement des infections sexuellement transmissibles (IST) ainsi que le dépistage et le traitement du VIH/sida. L'analyse des données recueillies par l'EDS a porté sur la ventilation de l'utilisation des services entre les différents secteurs (public et privé) et a mis en évidence l'importance relative des structures privées (par rapport aux structures publiques). En outre, l'analyse a présenté les choix de recours faits par les usagers en fonction de leur quintile socioéconomique et de leur lieu de résidence (rural ou urbain).

L'ECOM 2005 est une enquête d'envergure nationale menée auprès de 5 146 ménages, qui visait principalement à établir la ligne de pauvreté applicable au Congo. L'ECOM posait, en particulier, des questions aux ménages sur leur décision de recourir ou non aux soins en cas de maladie, sur le choix de la source de soins et sur leurs raisons de ne pas recourir aux soins. L'ECOM permet de différencier les réponses aux questions en fonction du lieu de résidence (milieu urbain ou rural) et du statut de pauvreté (pauvres, non pauvres) de la personne interrogée.

Là où l'analyse des données de l'EDS et de l'ECOM a révélé les préférences de la population pour des structures spécifiques, les groupes de discussion ont mis en évidence le « pourquoi » de ces choix. Des groupes de discussion ont été organisés à Brazzaville et à Pointe-Noire avec les groupes suivants : *a)* chefs de famille (hommes) et *b)* femmes en âge de procréer, ces deux groupes ayant été mis en place en collaboration avec les comités de santé (COSA) ; et *c)* tradithérapeutes.

Limites de l'étude

L'étude apporte des informations essentielles concernant le rôle joué par le secteur privé et sa place dans l'offre de services. Néanmoins, les données provenant de l'étude comportent certaines limites. Une partie des informations (par exemple, les résultats des entretiens et des groupes de discussion) est constituée de données qualitatives dont l'analyse peut parfois comporter une part de subjectivité.

La collecte de données quantitatives sur les acteurs privés a été réalisée à partir des informations de la carte sanitaire et des inventaires de 2009 et 2010[11] réalisés par les DDS de Brazzaville et de Pointe-Noire. Au moment où les activités de collecte de données ont été entreprises pour cette étude, de nombreuses structures retenues sur la base de la carte sanitaire de 2005 n'étaient plus fonctionnelles. Les enquêteurs ont donc été obligés de remplacer les structures initialement visées par l'échantillonnage, ce qui a rendu l'échantillon moins aléatoire qu'anticipé.

Il convient également de noter que les prestataires questionnés ont fait part des opinions et des informations qu'ils étaient prêts à divulguer. Les informations relatives à certains aspects (tels que le volume d'activités, le volume financier, les tarifs) étant sensibles et susceptibles d'être surestimées ou sous-estimées, les opinions, bien que pertinentes, ne sont pas toujours fondées sur des données objectives.

Les données de l'EDS 2005 proviennent d'une enquête représentative au plan national. Cependant, l'EDS concerne uniquement les services de santé utilisés par les ménages pour la santé de la reproduction et la santé maternelle, les IST et les maladies infantiles les plus fréquentes. Elles excluent donc le recours aux soins pour toutes les autres maladies et par d'autres groupes de la population.

L'ECOM 2005, par contre, comprend des données sur l'utilisation des services de santé et le choix des prestataires quelle que soit la maladie, ce qui présente malgré tout une limite car elles ne permettent pas d'identifier les types de maladies soignées par les différents prestataires et ne tiennent pas compte du degré de gravité des maladies.

4. Résultats de l'étude

Les conclusions de l'étude présentées dans ce chapitre sont divisées en trois sections principales, suivies par des conclusions globales. Les sections se concentrent sur la demande, l'offre et une analyse institutionnelle. À la fin de chaque section se trouve une synthèse des conclusions tirées de résultats spécifiques et de l'analyse figurant dans la section en question.

Analyse de la demande

Afin d'analyser les caractéristiques de la demande concernant les structures privées de soins de santé, il est important d'interpréter les résultats des enquêtes à la lumière des résultats apportés par l'EDS de 2005 (voir l'encadré) et par l'Enquête congolaise auprès des Ménages (ECOM), qui remonte également à 2005.

La présente section est composée des points suivants :

- Outils et méthodologie ;
- Principaux constats :
  - Pourquoi les patients choisissent-ils des prestataires du secteur public ou des prestataires du secteur privé ?
  - Quels types de patients choisissent des prestataires du secteur public, et quels patients choisissent des prestataires du secteur privé ?
  - Pour quels types de services la population s'adresse-t-elle aux prestataires du secteur public ou bien aux prestataires du secteur privé ?
- Appréciation des prix à payer pour la consultation et les soins dans le secteur privé ;
- Suggestions concernant des améliorations possibles ;
- Synthèse et conclusions.

Outils et méthodologie

L'analyse publiée par l'EDS s'est focalisée sur le recours aux soins en cas de besoin, quel que soit le type de structure utilisé pour les soins (public, privé, confessionnel). Les résultats publiés présentent aussi le recours aux soins selon le statut socioéconomique du patient. Un résumé des analyses publiées par l'EDS 2005 figure à l'annexe C du présent rapport. Le rapport présente également des analyses complémentaires de la base de données de l'EDS 2005, réalisées par notre équipe (par exemple sur la question du choix du prestataire en fonction de son appartenance). L'ECOM se focalise sur les questions et dimensions relatives à la pauvreté au Congo. Comme pour l'EDS, le présent rapport reproduit certaines analyses de l'ECOM et les complète par d'autres analyses concernant le choix de prestataire en fonction de son appartenance. Ceci donne, en les combinant avec les résultats des groupes de discussion (« *focus groups* »), un aperçu de la demande de soins et des services proposés par les prestataires privés à but lucratif, à but non lucratif, informels et traditionnels.

L'Enquête démographique et de santé (EDS)

L'étude Enquête démographique et de santé (EDS) réalisée en 2005 a posé des questions à un échantillon national de ménages. Certaines questions portaient sur le choix du prestataire pour les services liés à la santé de l'enfant et à la santé de la reproduction. Les résultats de l'EDS ont porté sur le recours aux différents types de structure pour l'avortement, les accouchements et les visites postnatales, ainsi que pour les soins liés à la fièvre/toux et la diarrhée de l'enfant, pour le test du VIH et pour soigner les IST de la femme. À partir de ces informations, une estimation proche ('proxy') de la demande des ménages en services privés de soins de santé a été établie. L'EDS collecte aussi des données sur le statut socioéconomique (SSE) des ménages. Les résultats de cette enquête donnent un aperçu du choix de services entre le secteur public et le secteur privé selon le type de maladie, les différents groupes de population, le lieu de résidence (rural ou urbain) et la catégorie socioéconomique. Les SSE sont classés selon des quintiles[12]—cinq groupes composés d'un nombre égal de ménages classés en allant du plus pauvre (quintile 1) au plus riche (quintile 5).

Principaux constats

Les conclusions de l'étude concernant la demande de prestations offertes par le secteur privé sont développées dans les sections suivantes.

Pourquoi les patients choisissent-ils des prestataires du secteur public ou des prestataires du secteur privé ?

Le choix entre les structures privées et publiques est surtout conditionné par le type de services recherché, la qualité perçue et la capacité financière du client ainsi que la souplesse de la structure pour accepter un paiement différé. Le type de patient, à part son statut socioéconomique, semble être un facteur moins décisif.

Les services publics ont généralement la préférence puisqu'ils offrent un meilleur plateau technique et un personnel qualifié disponible. Par contre, la bi-appartenance du personnel (le fait qu'il travaille aussi dans le privé), l'absentéisme, la longue attente avant la consultation, ainsi que le

> « *Dans le service public, il faut acheter tous les médicaments prescrits avant d'être traité.* »

refus éventuel de prendre en charge le malade démuni (« il faut payer avant d'être pris en charge en cas d'urgence ») sont des facteurs démotivants.

Le choix du prestataire privé se fonde sur plusieurs facteurs, notamment la qualité et la promptitude de l'accueil[13], la qualité de la communication et du dialogue avec le prestataire, la possibilité de négocier le prix des services et les conditions de paiement après que les soins ont été prodigués[14]. D'autres facteurs plus facilement évoqués en milieu rural sont le fait que les établissements publics ne sont pas toujours ouverts 24 h/24 h, le constat d'une dégradation de la qualité des soins dans les structures publiques et la perception que la qualité des examens en laboratoire est supérieure dans les établissements privés, car ces derniers disposent de matériel « plus perfectionné ». Par contre, en milieu urbain, et dans les quartiers populaires, la proximité des structures privées est un facteur

> En milieu rural, les femmes pensent qu'il est risqué d'aller chez des prestataires privés pour l'accouchement : « Ce sont des mouroirs, on y va pour se donner la mort ! ». En milieu urbain, la qualité des maternités privées est perçue comme « variable ».

important. Un élément négatif perçu par les personnes interviewées est la présence de promoteurs et de prestataires non qualifiés. Les COSA se demandent également « si les cabinets sont tenus par des professionnels ».

La fréquentation des structures de soins est conditionnée par le pouvoir d'achat. En milieu rural, à Ouesso, les plus démunis se dirigent plutôt vers les prestataires publics, certains se font « couvrir » par un parent ou une connaissance qui travaille dans une société forestière (et qui reçoit ainsi les soins au centre médico-social de l'entreprise). Pour éviter des frais, les hommes se font soigner uniquement quand la maladie s'aggrave[15] et les femmes sollicitent plus facilement des soins pour leurs enfants qui sont en général plus fragiles.

En milieu urbain, vu la proximité des structures privées et leur plus grande flexibilité dans le paiement des services (paiement différé, modalités de paiement, prix), les pauvres utilisent également le secteur privé (voir ci-après).

ASPECTS NÉGATIFS DU SECTEUR PUBLIC QUI EXPLIQUENT
LE RECOURS AUX STRUCTURES PRIVÉES DE LA SANTÉ

Le recours aux structures privées découle aussi de la dégradation de la qualité des soins constatée dans les structures publiques, de l'attitude des prestataires peu attentifs envers les patients (durée de l'attente, ordre d'arrivée des patients peu respecté), du fait que la prestation dépend d'un paiement direct informel[16], et le manque de rigueur dans le recrutement du personnel et dans l'affectation des tâches selon le niveau de qualification[17]. Selon les COSA, le manque d'information sur les services publics disponibles est un autre facteur qui « pousse les gens vers le privé ».

En ce qui concerne les femmes, la situation est un peu différente. En général, elles aussi préfèrent les structures privées, tout en précisant qu'elles vont directement à l'hôpital public quand leur cas s'avère compliqué. La majorité des femmes préfèrent aller à l'hôpital public

> Le personnel des établissements publics a recours à des paiements informels : « Ils demandent d'abord si tu as l'argent »

pour les consultations prénatales (CPN) et l'accouchement car, en cas de complications, la prise en charge y est mieux assurée ou plus sécurisée ; le suivi de la grossesse (CPN) est garanti et les vaccinations de l'enfant ne sont disponibles que dans les structures publiques. En outre, les maternités privées sont considérées comme trop chères. Les femmes qui ont déjà procréé connaissent les structures publiques de santé où elles se rendent pour accoucher[18]. Elles y semblent attachées, en dépit du fait que l'image de ces structures, qui jouissaient auparavant d'une bonne réputation, s'est considérablement détériorée. Aussi en milieu rural (Ouesso), les femmes pensent qu'il est risqué d'aller chez les prestataires privés (« parfois ils n'ont même pas de matériel »). Ce point de vue est partagé par les COSA qui évoquent des « décès maternels », et estiment que les cabinets privés ne sont pas des structures appropriées pour l'accouchement.

Quels types de patients choisissent des prestataires du secteur public, et quels patients choisissent des prestataires du secteur privé ?

Les hommes et les femmes en milieu urbain utilisent plus fréquemment les structures privées en raison de leur proximité. Cependant, la proximité n'est pas un facteur décisif pour les femmes, qui préfèrent largement les structures publiques pour les soins maternels et infantiles.

Il est à noter que les populations plus pauvres utilisent de préférence le secteur public parce qu'il est moins cher. En milieu urbain cependant, elles utilisent aussi les services du secteur privé des soins de santé : elles seraient entre autres motivées par la possibilité de négocier le prix, les modalités et délais de paiement ainsi que par la proximité en cas d'urgence.

En résumé, à part le statut socioéconomique, le facteur décisif n'est pas le « type » de patient mais plutôt le type de services recherchés (et donc leur qualité perçue) et le profil ainsi que la gravité de la maladie pour faire un choix entre le secteur public et le secteur privé.

Pour quels types de services la population s'adresse-t-elle aux prestataires du secteur public ou bien aux prestataires du secteur privé ?

Selon les participants aux « focus groups », la plupart des hommes et des femmes préfèrent le secteur privé au secteur public pour traiter les problèmes de santé mineurs ou « sans risque ». Par contre, pour des « cas graves », la plupart des hommes et femmes préfèrent le secteur public en raison de la qualité de la prise en charge (personnel, matériel, équipement, chirurgie). Pour ce qui concerne les soins maternels, l'accouchement et la prise en charge de l'enfant (vaccinations), les femmes préfèrent le secteur public.

Le fait que le secteur privé n'assure pas la vaccination gratuite des enfants est un élément qui freine la consultation des enfants. Ceci influence également le choix pour la consultation prénatale auprès du secteur privé, puisque le suivi et la prise en charge sont perçus comme un « tout » (« approche paquet ») — CPN, accouchement, suivi de l'enfant nouveau-né.

L'analyse de l'EDS qui suit distingue les différentes sources auxquelles il est recouru (structures du secteur public, structures de soins du secteur privé, pharmacies, tradipraticiens et vendeurs ambulants). Les résultats sont aussi ventilés suivant le statut socioéconomique du ménage. Il faut noter que les graphiques regroupent les deux quintiles les plus pauvres. Ceci permet de comparer les utilisateurs de services de ces deux quintiles pauvres avec ceux des trois autres quintiles, qui sont classés parmi les plus riches. Enfin, il convient de noter qu'en milieu rural, il y a peu de ménages des quatrième et cinquième quintiles (les deux quintiles les plus riches). Cela indique que pour ces deux quintiles en milieu rural, l'échantillon est très restreint (et les résultats devraient donc être interprétés avec prudence).

SOINS POUR LA TOUX OU LA FIÈVRE DE L'ENFANT

Les figures 4.1, 4.2 et 4.3 offrent les résultats de l'EDS sur le choix des prestataires en cas de fièvre ou de toux chez l'enfant au plan national, en zone urbaine et en zone rurale. Ainsi, quelle que soit la catégorie du ménage, les soins en cas de fièvre ou de toux chez l'enfant sont recherchés dans la majorité des cas dans les structures de santé du secteur public (59 % au niveau national, 58 % en zone urbaine et 62 % en zone rurale) au détriment des structures privées de soins (6 % au niveau national et en zone urbaine, et 5 % en zone rurale).

Par ailleurs, pour toutes les catégories de ménages dans les deux zones de résidence (urbaine et rurale), on remarque l'importance non négligeable de l'automédication (ac-

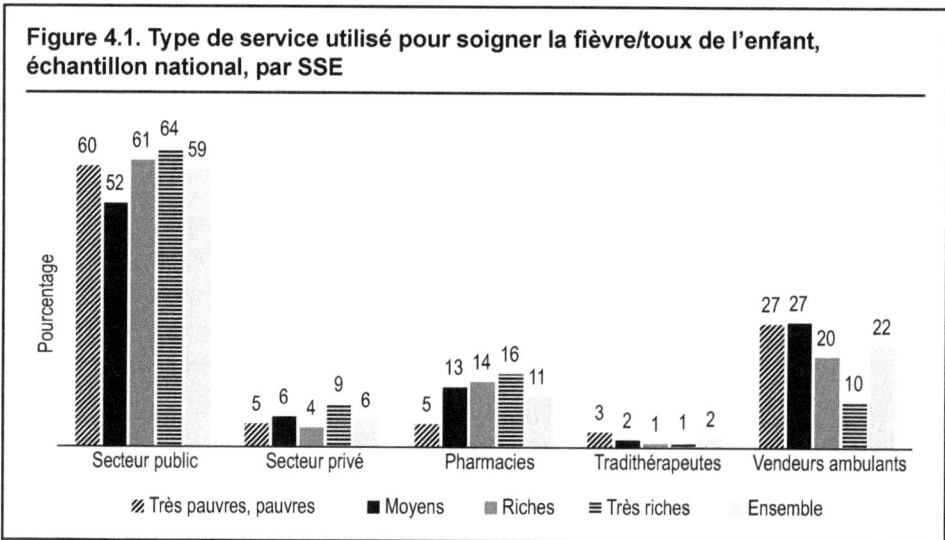

Figure 4.1. Type de service utilisé pour soigner la fièvre/toux de l'enfant, échantillon national, par SSE

Source : auteurs.

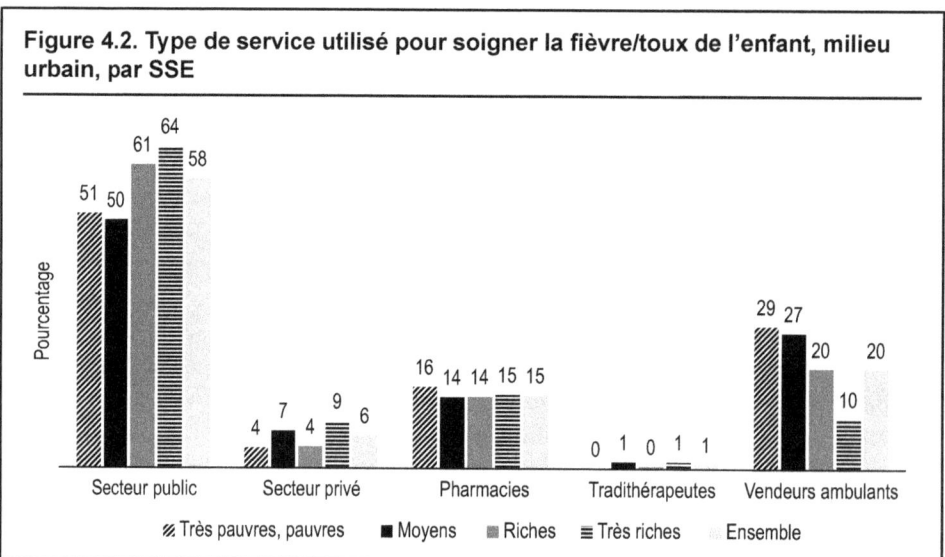

Figure 4.2. Type de service utilisé pour soigner la fièvre/toux de l'enfant, milieu urbain, par SSE

Source : auteurs.

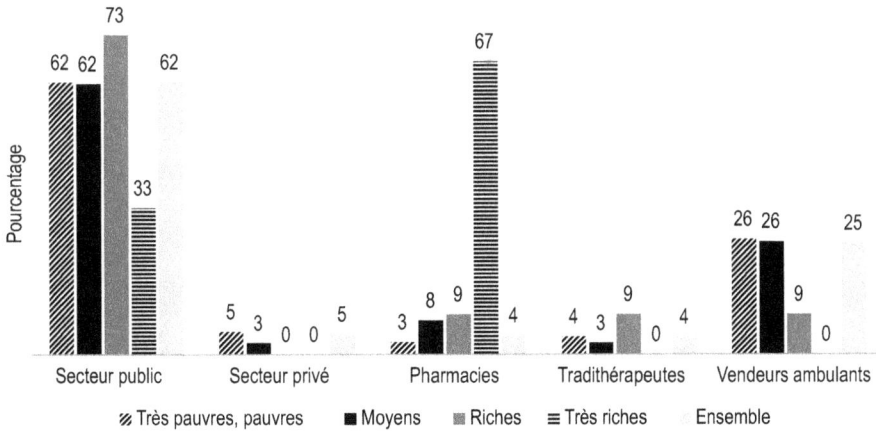

Figure 4.3. Type de service utilisé pour soigner la fièvre/toux de l'enfant, milieu rural, par SSE

Source : auteurs.

cès direct à la pharmacie : 16 % en zone urbaine et 3 % en zone rurale parmi les femmes issues de ménages pauvres) et aux médicaments de la rue (29 % en zone urbaine et 26 % en zone rurale parmi les femmes issues de ménages pauvres). Le recours à la médecine traditionnelle est aussi surtout visible en zone rurale (4 % parmi les femmes issues de ménages pauvres).

SOINS POUR LA DIARRHÉE DE L'ENFANT

Les figures 4.4, 4.5 et 4.6 donnent les résultats de l'EDS concernant le choix du prestataire en cas de diarrhée chez l'enfant au plan national, en zone urbaine et en zone rurale. Les

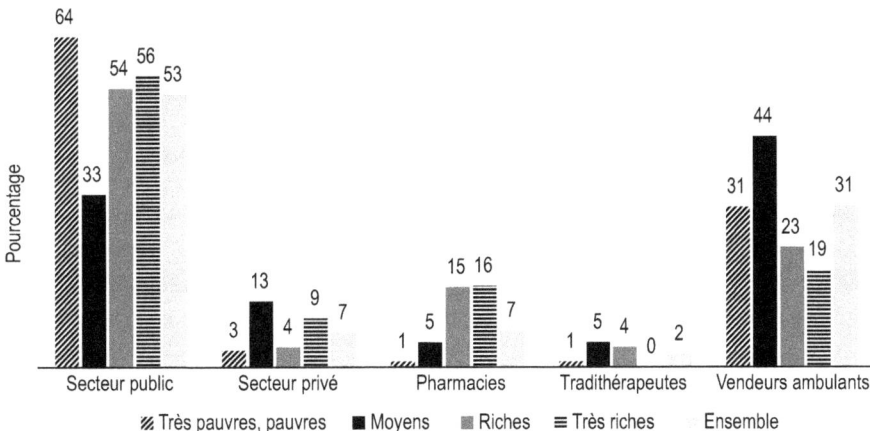

Figure 4.4. Type de service utilisé pour soigner la diarrhée de l'enfant, échantillon national, par SSE

Source : auteurs.

Figure 4.5. Type de service utilisé pour soigner la diarrhée de l'enfant, milieu urbain, par SSE

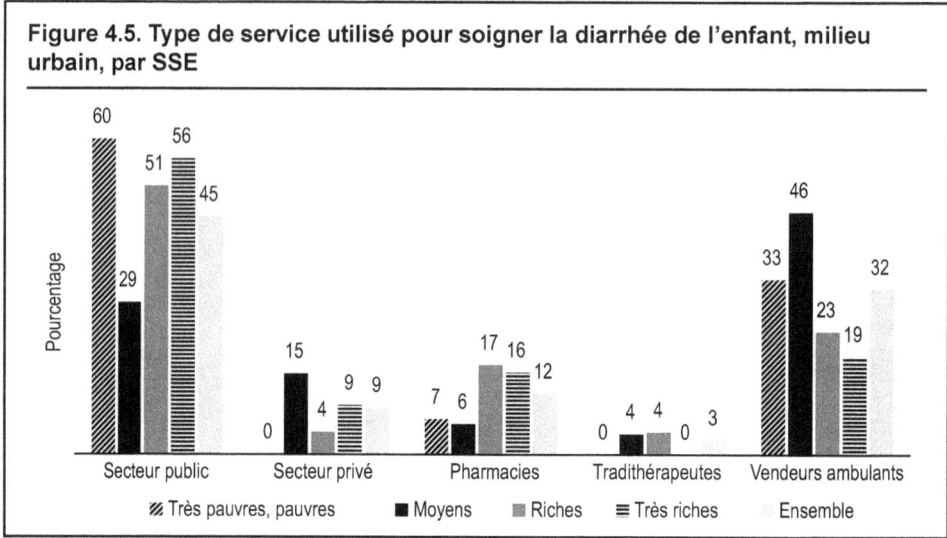

Source : auteurs.

Figure 4.6. Type de service utilisé pour soigner la diarrhée de l'enfant, milieu rural, par SSE

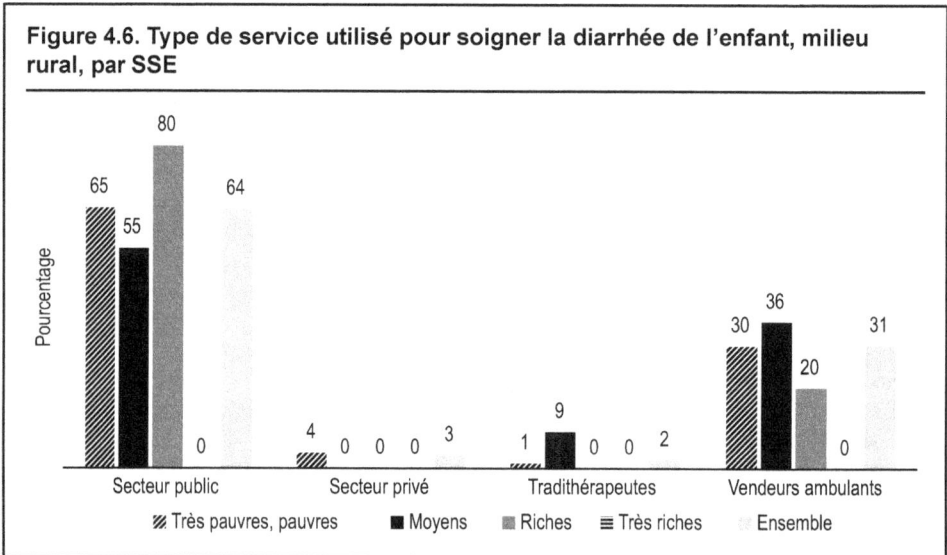

Source : auteurs.

résultats sont similaires à ceux concernant la fièvre et la toux : le secteur public est le premier choix pour l'ensemble des quintiles (53 % au niveau national, 45 % et 64 % en zones urbaine et rurale, respectivement) ; le choix du secteur privé représente 7 % au niveau national, 9 % et 3 % en zones urbaine et rurale, respectivement. Un recours non négligeable à l'automédication par l'accès direct à la pharmacie est noté, surtout pour les catégories riches (de 15 % à 16 % au niveau national et de 16 % à 17 % en milieu urbain ; ces données font ressortir une demande presque nulle des catégories riches en milieu rural). Par contre, le recours aux vendeurs ambulants est très important (de 31 % à 32 % aux plans national, urbain et rural).

Lieu de l'accouchement

Les figures 4.7, 4.8 et 4.9 donnent les résultats de l'EDS sur le choix du prestataire pour les accouchements au plan national, en zone urbaine et en zone rurale, et par quintile de SSE. Pour les trois groupes géographiques, il existe une forte préférence pour les formations publiques concernant les accouchements (81 % au niveau national, 85 % et 75 % en zones urbaine et rurale, respectivement). La préférence augmente progressivement par quintile au plan national, allant de 73 % pour les plus pauvres à 89 % pour les riches.

Tous les quintiles ont recours aux structures privées pour l'accouchement, mais bien moins fréquemment qu'aux structures publiques. Au niveau national, les accouchements dans des structures privées représentent 9 % du total pour l'ensemble des femmes, entre 10 % et 11 % pour les catégories riches et 4 % pour les femmes pauvres.

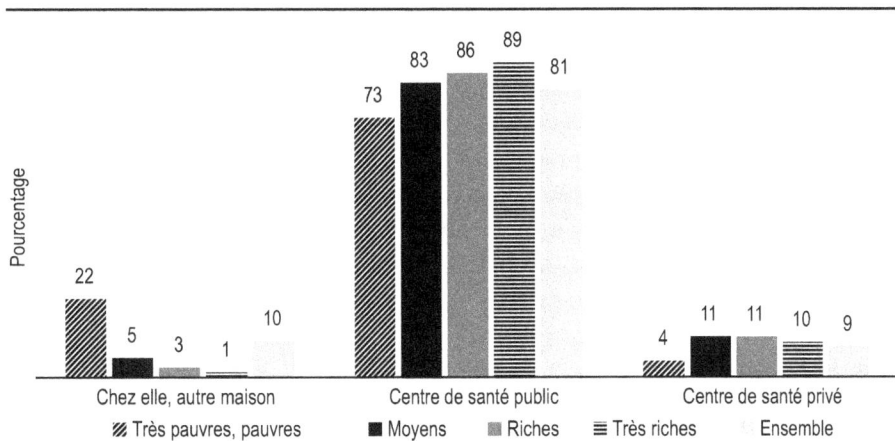

Figure 4.7. Lieu de l'accouchement, échantillon national, par SSE

Source : auteurs.

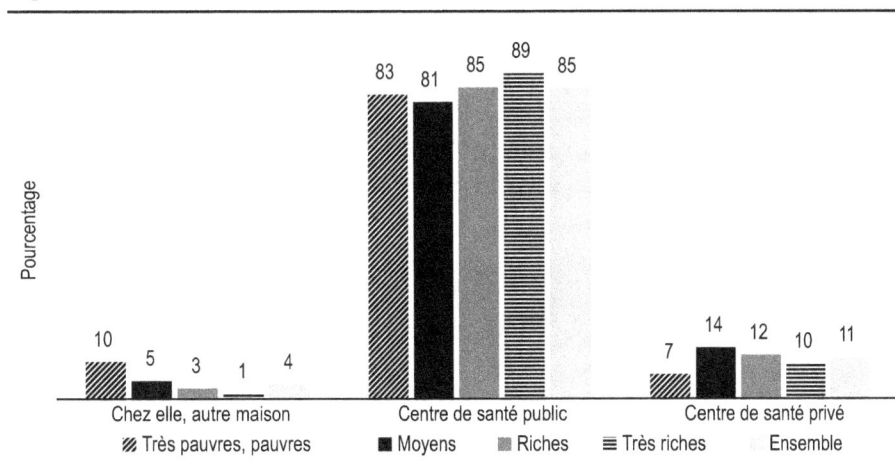

Figure 4.8. Lieu de l'accouchement, milieu urbain, par SSE

Source : auteurs.

Figure 4.9. Lieu de l'accouchement, milieu rural, par SSE

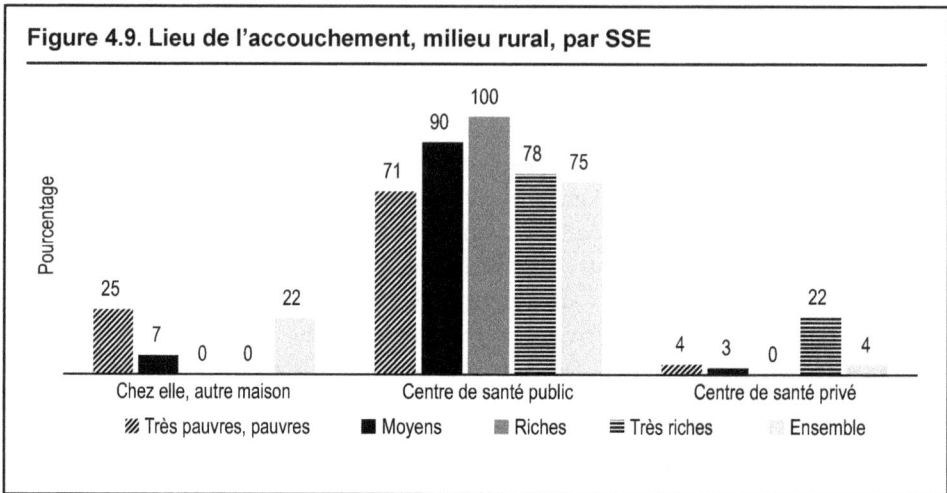

Source : auteurs.

Les accouchements dans les structures privées représentent en pourcentage du total des accouchements, respectivement 11 % pour les femmes en zone urbaine et 4 % pour les femmes en zone rurale. Le recours aux soins privés pour l'accouchement par les femmes pauvres est estimé à 7 % en milieu urbain et 4 % en milieu rural. L'utilisation des structures privées par les femmes riches se situe à 10 % au plan national et à 14 % en milieu urbain ; en revanche, la proportion est très élevée en zone rurale pour les femmes issues de ménages très riches (22 %), mais vu la taille très limitée de l'échantillon, ce dernier chiffre doit être interprété avec prudence. Il est important de noter la forte proportion d'accouchements à domicile parmi les femmes issues de ménages pauvres (10,1 % milieu urbain et 25,1 % en milieu rural).

LIEU DES VISITES POSTNATALES

Les figures 4.10, 4.11 et 4.12 donnent les résultats de l'EDS sur le choix du prestataire pour les services postnataux au plan national, en zone urbaine et en zone rurale, par quintile de SSE.

Figure 4.10. Lieu des visites postnatales, échantillon national, par SSE

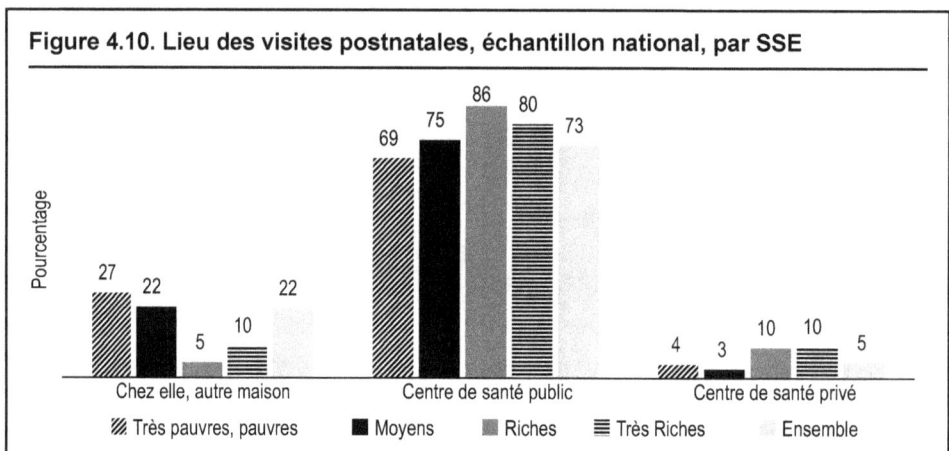

Source : auteurs.

Figure 4.11. Lieu des visites postnatales, milieu urbain, par SSE

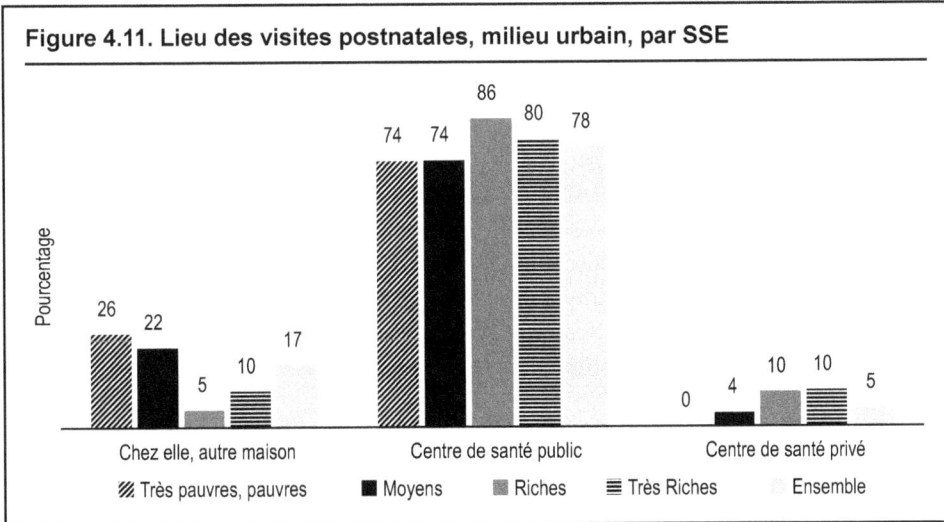

Source : auteurs.

Figure 4.12. Lieu des visites postnatales, milieu rural, par SSE

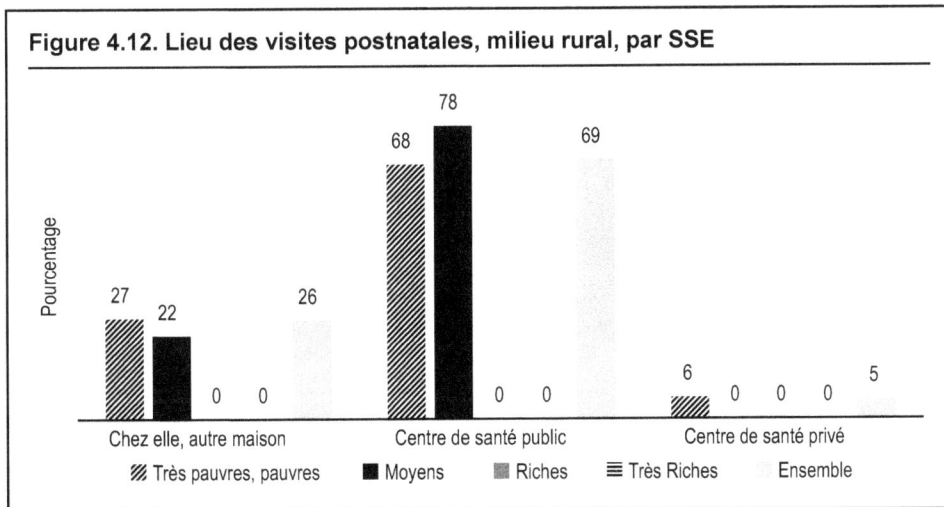

Source : auteurs.

Comme pour les accouchements, ces résultats démontrent que les structures publiques sont les plus choisies par les Congolaises pour les services postnataux. Au niveau national, 73 % de l'ensemble des femmes choisissent les structures publiques, 78 % des femmes se situent en milieu urbain et 69 % des femmes se situent en milieu rural. Pour les deux quintiles les plus pauvres, le secteur public est préféré par 69 % des femmes au niveau national, 74 % des femmes en zone urbaine et 68 % des femmes en milieu rural.

Comme pour les accouchements, on remarque une forte fréquence de visites postnatales à domicile (22 % de l'ensemble des femmes à l'échelle nationale, 17 % en zone urbaine et 26 % en zone rurale). Cette situation est plus fréquente parmi les femmes pauvres (27 % à l'échelle nationale et en zone rurale, 26 % en zone urbaine) et pour les femmes issues de ménages à revenu intermédiaire (22 % à l'échelle nationale, de même qu'en zones urbaine et rurale).

Les figures 4.13, 4.14 et 4.15 donnent les résultats de l'EDS concernant le lieu où est effectué le test du VIH au plan national, en zone urbaine et en zone rurale, par quintile de SSE. Ces résultats font ressortir que, à nouveau, les formations sanitaires publiques sont les plus fréquentées par les Congolais. Elles représentent 85 % de l'ensemble au niveau national (84 % en zone urbaine et 92 % en zone rurale).

L'utilisation des services privés pour le test du VIH représente 15 % du total, 16 % en zone urbaine et 8 % en zone rurale. Selon le statut socioéconomique, les services privés proposant le test du VIH sont utilisés par les femmes de tous les quintiles : les femmes issues de ménages pauvres (11 % au niveau national, 18 % en zone urbaine et 9 % en zone rurale), les femmes issues de ménages riches (18 % au niveau national, 19 % en zone urbaine).

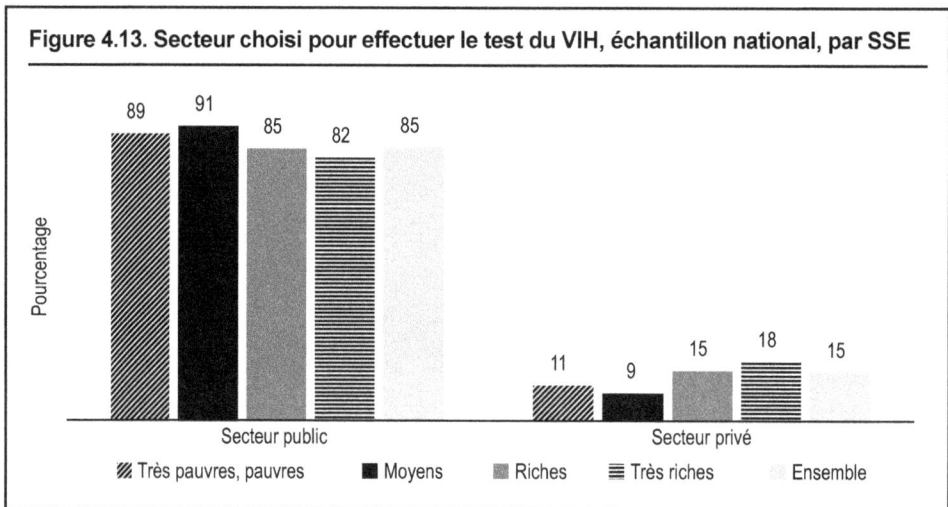

Figure 4.13. Secteur choisi pour effectuer le test du VIH, échantillon national, par SSE

Source : auteurs.

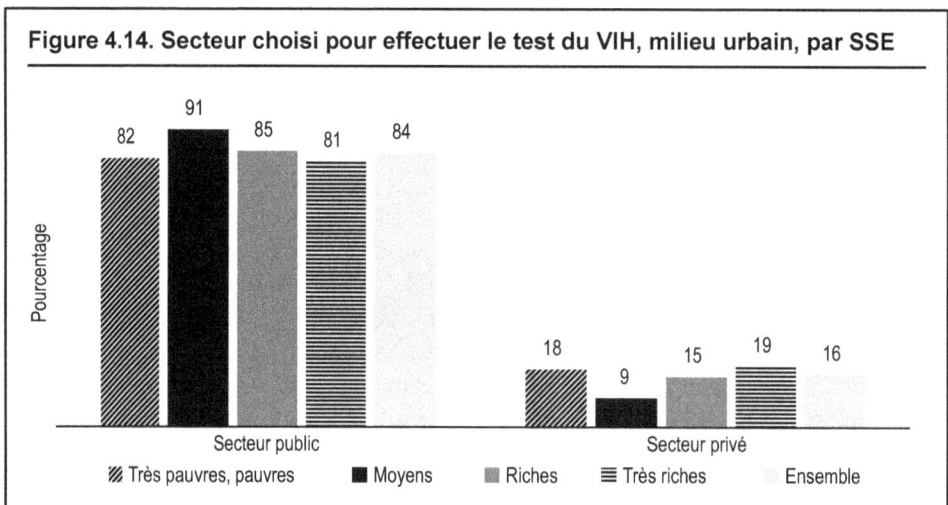

Figure 4.14. Secteur choisi pour effectuer le test du VIH, milieu urbain, par SSE

Source : auteurs.

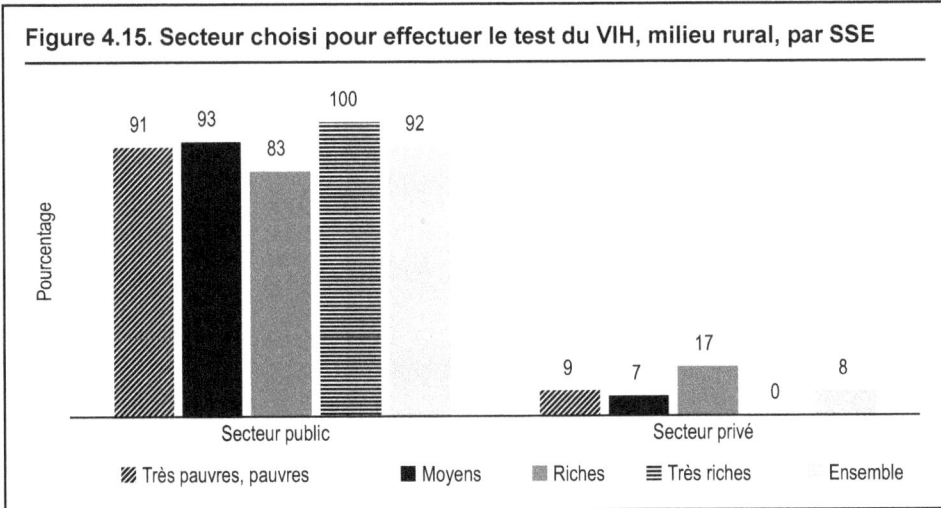

Figure 4.15. Secteur choisi pour effectuer le test du VIH, milieu rural, par SSE

Source : auteurs.

LIEU DE SOINS DES INFECTIONS SEXUELLEMENT TRANSMISSIBLES (IST) DE LA FEMME

Les figures 4.16, 4.17 et 4.18 offrent les résultats de l'EDS en matière de choix de presta-taire pour le traitement des IST des femmes au plan national, en zone urbaine et en zone rurale, par quintile de SSE.

Ces résultats démontrent encore une fois que le secteur public est le premier choix au plan national (74 % au niveau national, 72 % et 80 % en zones urbaine et rurale, respectivement).

Le secteur privé possède une part non négligeable dans les soins des IST en milieu urbain (10 % pour l'ensemble, 13 % et 1 % en zone urbaine et zone rurale, respective-ment). Il est intéressant de noter que les femmes pauvres n'utilisent quasiment pas les structures privées de traitement des IST (1 % à l'échelle nationale et en milieu rural, 2 % en milieu urbain).

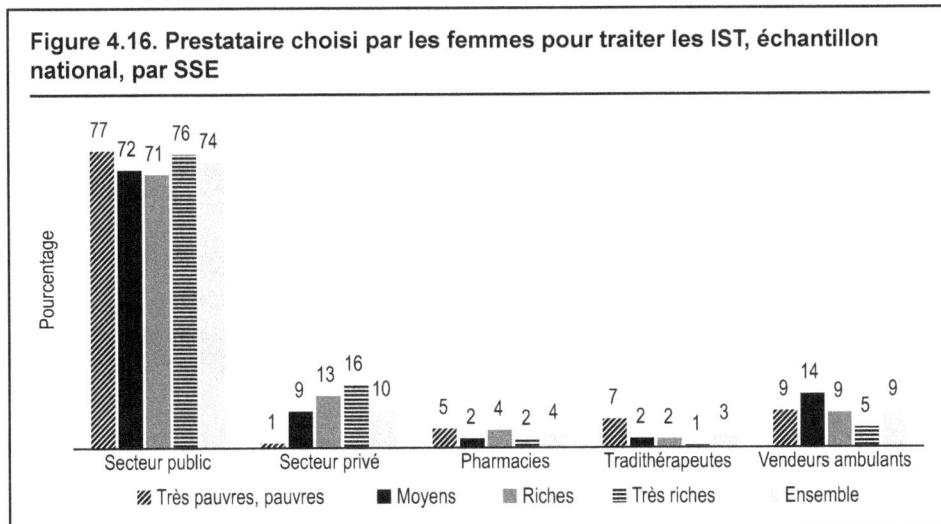

Figure 4.16. Prestataire choisi par les femmes pour traiter les IST, échantillon national, par SSE

Source : auteurs.

Figure 4.17. Prestataire choisi par les femmes pour traiter les IST, milieu urbain, par SSE

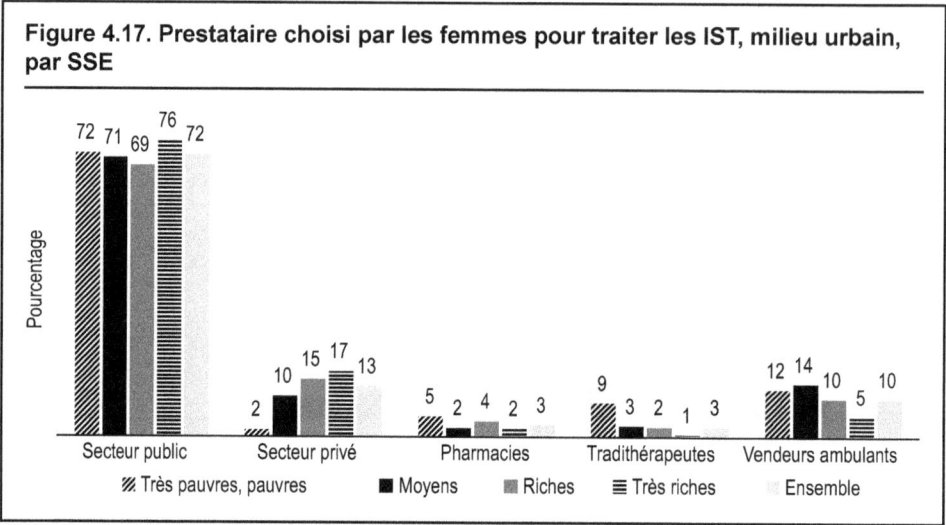

Source : auteurs.

Figure 4.18. Prestataire choisi par les femmes pour traiter les IST, milieu rural, par SSE

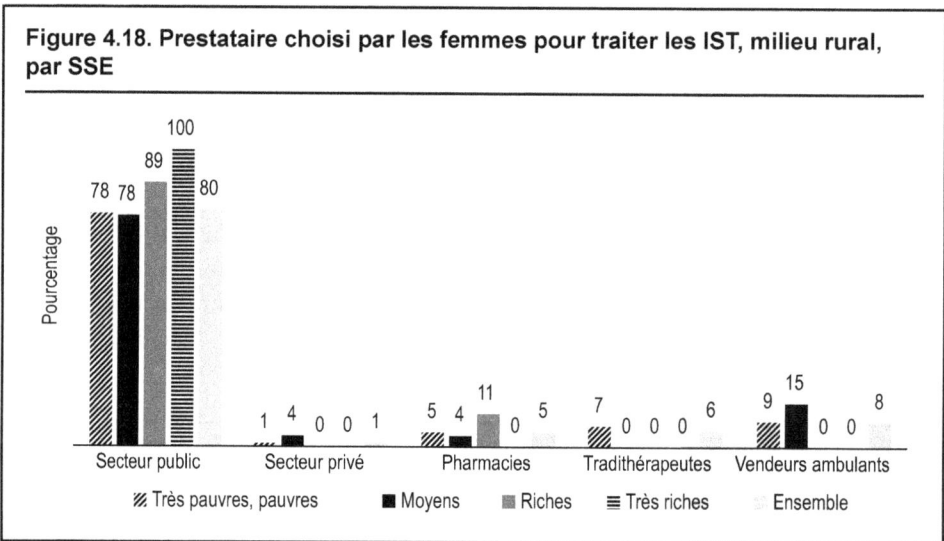

Source : auteurs.

Par ailleurs, le recours aux médicaments de la rue est important dans tous les quintiles (12 % parmi les femmes pauvres en zone urbaine contre 9 % en zone rurale), tandis que ce sont surtout les femmes pauvres et beaucoup moins les autres quintiles qui ont recours aux tradipraticiens (9 % des femmes pauvres en milieu urbain et 7 % en zone rurale). Par ailleurs, l'automédication directe en pharmacie est plutôt limitée (entre 3 et 5 % dans les trois zones).

Lieu de soins des IST de l'homme

Les figures 4.19, 4.20 et 4.21 offrent les résultats de l'EDS sur le choix du prestataire pour traiter les IST chez l'homme au plan national, en zone urbaine et en zone rurale, par quintile de SSE.

Ces résultats démontrent également que le secteur public est le premier choix au niveau national (53%, dont 43 % en zone urbaine et 68 % en zone rurale, respectivement).

Le secteur privé possède une part non négligeable des soins des IST de l'homme (16 % pour l'ensemble, 18 % et 12 % en zones urbaine et rurale, respectivement). En particulier, en zone urbaine, pour le traitement des IST, une fréquentation importante des

Figure 4.19. Prestataire choisi par les hommes pour traiter les IST, échantillon national, par SSE

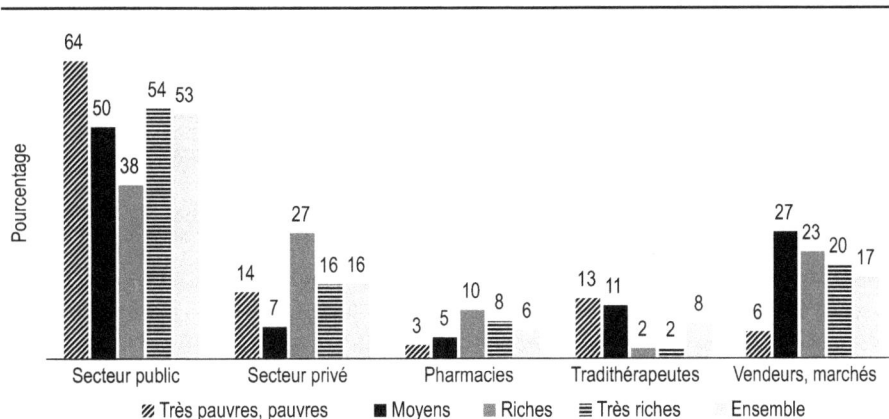

Source : auteurs.

Figure 4.20. Prestataire choisi par les hommes pour traiter les IST, milieu urbain, par SSE

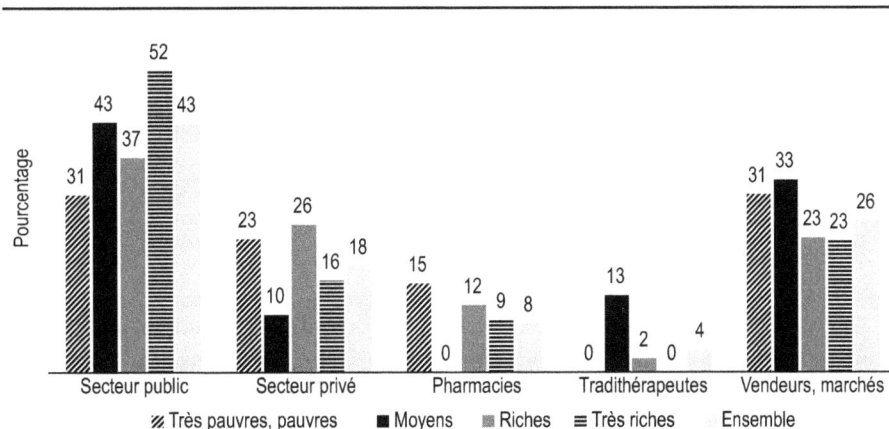

Source : auteurs.

Figure 4.21. Prestataire choisi par les hommes pour traiter les IST, milieu rural, par SSE

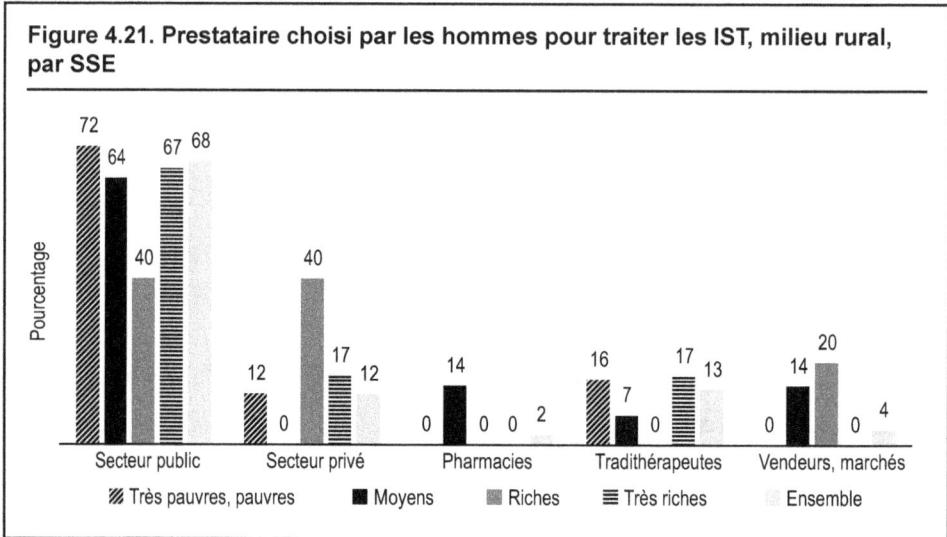

Source : auteurs.

structures privées par tous les hommes de tous les quintiles est notée, mais elle est encore plus marquée chez les hommes pauvres (23 %) et les hommes riches (27 %). En zone rurale, la fréquentation varie beaucoup d'un quintile à l'autre, de 12 % pour les hommes pauvres et 40 % pour les hommes riches, à 17 % pour les hommes très riches. Il faut noter que l'échantillon des personnes riches en milieu rural est très limité.

Par ailleurs, le recours aux médicaments de la rue est important pour tous les quintiles (17 % en moyenne au plan national et 26 % en milieu urbain) et nettement plus important que chez les femmes (voir plus haut). Enfin, le recours aux tradipraticiens concerne surtout les hommes en milieu rural (13 %).

L'automédication directe en pharmacie concerne 6 % des hommes (moyenne nationale), dont 8 % en milieu urbain et seulement 2 % en milieu rural.

RECOURS AUX SOINS EN CAS DE MALADIE, TOUS TYPES CONFONDUS

Les données de l'ECOM permettent d'analyser le recours aux soins pour l'ensemble des usagers en cas de maladie, tous types de maladies confondus. L'ECOM a étudié l'utilisation des soins par les ménages en cas de maladie, le choix du prestataire et les raisons du non recours.

La figure 4.22 donne les résultats du taux de consultation en cas de maladie suivant le lieu de résidence pour les usagers soumis à l'enquête. Il convient de remarquer que le taux ne varie pas beaucoup (de 60 % à 68 %) entre les différents groupes, et qu'il est le plus élevé parmi les groupes ruraux.

La figure 4.23 démontre le choix de la source de soins en cas de maladie (toutes sources confondues) selon que le patient est pauvre ou non, pour la population rurale et pour l'ensemble de la population. La source la plus utilisée par tous les groupes est le secteur public (de 42 % à 46 % du total). L'ensemble des acteurs privés (à but lucratif, confessionnel, tradithérapeutes et pharmacies) représente 55 % de l'utilisation totale. La fréquentation du secteur public, plus faible dans l'étude ECOM que dans l'étude EDS, s'explique principalement par le fait que l'EDS se limite à des services spécifiques tels que les soins maternels et infantiles, ainsi que les IST et le test du VIH. Comme indiqué plus haut, pour

Figure 4.22. Taux de consultation en cas de maladie, pourcentage de personnes ayant reçu consultation

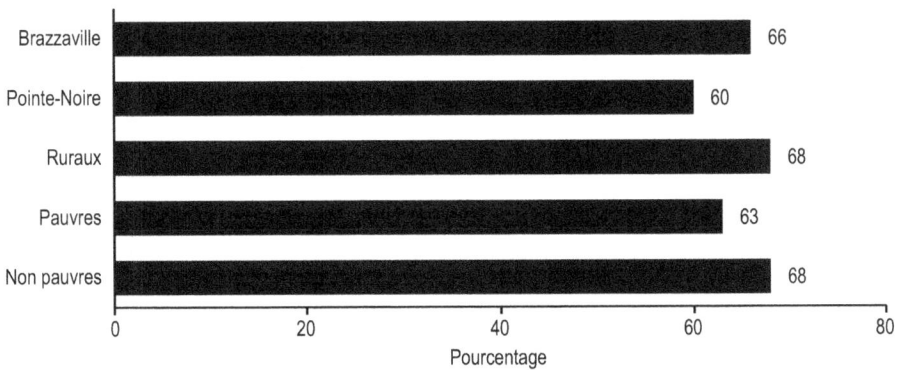

Source : auteurs.

Figure 4.23. Choix de la source de soins en cas de maladie

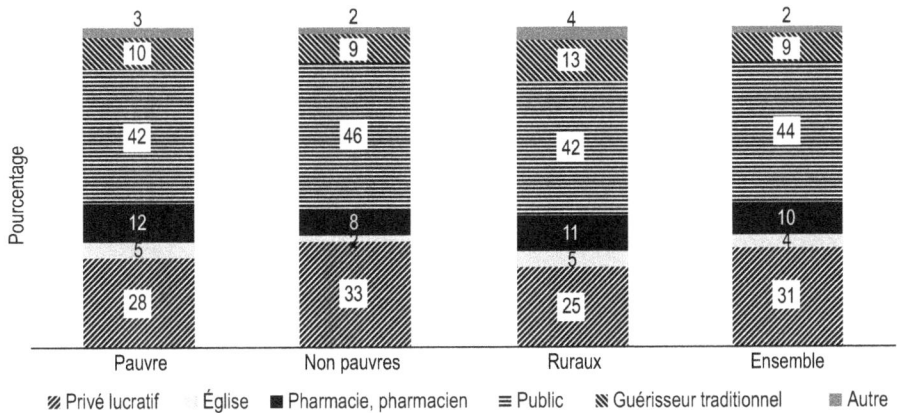

Source : auteurs.

tous ces soins, la préférence des patients pour les structures publiques est très nette (par exemple accouchements 81 % ; IST 74 % ; VIH 85 %). L'ECOM, par contre, rend compte de tous les soins dans leur ensemble et non d'une sélection spécifique de soins.

Dans les données de l'ECOM, les acteurs privés sont utilisés par tout le monde à des taux similaires. Les personnes rurales utilisent davantage les guérisseurs traditionnels (13 %) par rapport aux autres groupes (9 %). Les prestataires à but non lucratif ne représentent que 4 % de l'utilisation totale et même en milieu rural, ils n'en représentent que 5 %.

La figure 4.24 donne les résultats de l'analyse des questions portant sur le non recours aux soins en cas de maladie. La réponse « trop cher » est la plus fréquente pour tous les groupes. Cette réponse est plus fréquente chez les pauvres (60 %) et les personnes rurales (60 %) que chez les non pauvres (47 %) et l'ensemble de l'échantillon (54 %). La distance est rarement citée (4 %) pour l'ensemble et même peu citée comme raison de non recours pour l'ensemble de la population rurale (10 %).

Figure 4.24. Raisons du non recours aux soins en cas de maladie

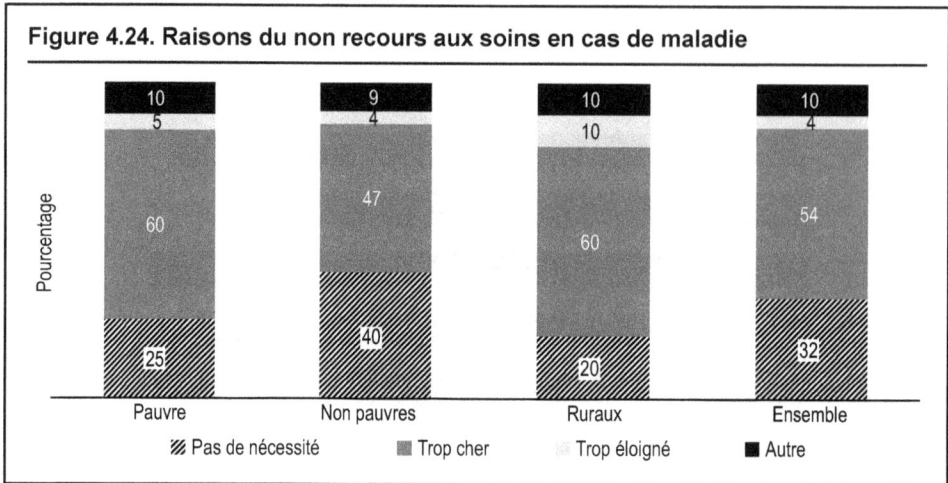

Source : auteurs.

APPRÉCIATION DES COÛTS AFFÉRENTS À LA CONSULTATION ET AUX SOINS DANS LE SECTEUR PRIVÉ

Les personnes reconnaissent le fait qu'il est légitime que les structures privées de soins fixent le prix des prestations offertes aux patients et ils reconnaissent le droit au secteur privé de fixer des prix plus élevés (« c'est normal, ils ont le personnel à payer »).

Les prix varient selon les structures. Selon le pouvoir d'achat du client, le prix à payer peut constituer un frein à l'utilisation des structures privées. Mais l'avantage principal perçu est la prise en charge immédiate du malade dès sa réception (après paiement de la consultation) avant de demander au malade (ou à sa famille) d'acheter les médicaments prescrits si ceux-ci ne sont pas disponibles dans le cabinet privé. Mais en général, les premiers médicaments d'urgence sont disponibles et sont administrés.

Suggestions concernant des améliorations possibles

Les groupes de discussion (« focus groups ») ont dégagé certaines recommandations relatives au rôle joué par le secteur privé :

> Selon les COSA, « les prestataires [privés] pratiquent la médecine dans des conditions difficiles. »

Suggestions pour les structures de santé publiques

Malgré l'existence des structures de soins privées, les hommes, comme les femmes, souhaitent que le secteur public continue de fonctionner et qu'il s'améliore en termes de

> « Le public doit éduquer son personnel »

qualité des soins, de couverture et d'accessibilité (« parce que c'est moins cher »). Apparemment, la possibilité de choisir entre les deux structures est un avantage que les gens souhaitent conserver.

Suggestions pour les structures de soins privées

Les structures privées qui sont très fréquentées sont confrontées au même problème de longue attente que les structures du secteur public connaissent. Selon les hommes et femmes interviewés, le secteur privé devrait mieux s'organiser, les conditions de travail devraient être améliorées et les conditions d'ouverture des structures être revues par l'État. Ces dernières suggestions sont également confirmées par les COSA.

Afin d'assurer un personnel bien formé pour l'accomplissement de ses tâches, les COSA ont proposé que les médecins chefs des circonscriptions socio-sanitaires ou les directeurs départementaux soient impliqués dans le recrutement du personnel des structures privés dans leur domaine de compétence en matière de santé. De plus, ils suggèrent un contrôle, une supervision et une réglementation plus efficace : des inspections et supervisions régulières ; une qualification adéquate des agents qui travaillent dans ces structures ; l'application de la réglementation et une tarification plus réglementée.

Synthèse et conclusions

L'analyse de l'EDS est limitée par sa focalisation sur les soins aux enfants et ceux liés à la santé de la reproduction. En complément, l'analyse de l'ECOM permet d'évaluer le recours aux soins pour toutes maladies confondues pour l'ensemble de la population et quelques sous-populations. Il est possible de tirer les conclusions qui suivent des analyses de l'EDS et l'ECOM, en les associant aux résultats recueillis dans les groupes de discussion (« *focus groups* »):

- Selon l'EDS et pour les prestations visant les enfants et la santé de la reproduction, le secteur public a la plus grande « part de marché ».
- Pour toutes maladies confondues, les prestations privées sont fréquentées à quasi-égalité avec les prestations publiques. Les prestations privées sont même plus importantes si on y ajoute les guérisseurs traditionnels.
- Les ménages congolais ont assez fréquemment recours à l'automédication (soit par les pharmacies privées, soit par les vendeurs de rue) et à la médecine alternative.
- Les prestataires privés attirent une très faible proportion de la demande pour les services de santé sélectionnés par l'EDS. Ils représentent entre 5 % et 16 % de la demande totale, selon le type de soins recherchés. Pour les services de santé généraux étudiés par l'ECOM, les prestataires privés attirent de 35 % (sans compter les services des pharmacies/pharmaciens et des tradithérapeutes) à 45 % de la demande totale (pharmacies/pharmaciens compris) et 55 % de la demande (avec les tradithérapeutes).
- Les prestataires privés sont plus utilisés par les quintiles les plus riches pour les services étudiés par l'EDS, mais ils sont aussi fréquentés par les plus pauvres, surtout en milieu urbain.
- En ce qui concerne les services de santé généraux étudiés par l'ECOM, les non pauvres (35 %) utilisent davantage le secteur des soins privés que les pauvres (33 %), mais la différence d'utilisation (2 %) entre ces deux catégories est moins nette que pour les services étudiés par l'EDS (par exemple 7 % pour l'accouchement, 6 % pour le test du VIH, 13 % pour les IST chez les femmes et 7 % pour les IST chez les hommes).
- Les patients reconnaissent qu'il est légitime que les structures privées de soins déterminent elles-mêmes le prix des prestations données aux patients, mais le coût peut constituer un frein à l'utilisation des structures privées. L'avantage principal des prestataires privés est la prise en charge immédiate du malade dès sa réception.

▓ La possibilité de faire un choix entre les structures publiques et structures privés est un avantage que les patients souhaitent conserver. Selon les personnes interviewées, le secteur privé de la santé devrait mieux s'organiser, les conditions de travail être améliorées et les conditions permettant l'ouverture de structures revues par l'État.

Analyse de l'offre

Le secteur privé de la santé au Congo est un acteur important sur le marché des biens et services liés à la santé. Cependant, la taille et la configuration des prestataires privés, ainsi que les contraintes et défis auxquels ils sont confrontés, ont été peu documentés. Ainsi, cette analyse de l'offre, qui repose sur une enquête et des entretiens, a pour objet de confirmer, et surtout de compléter, les données de la carte sanitaire 2005 et des recensements réalisés par les DDS en fournissant des informations supplémentaires.

Cette analyse présente une comparaison des éléments clés communs aux différents groupes de prestataires, y compris les caractéristiques des prestataires privés, les services offerts, le volume des services fournis, les intrants utilisés, les indicateurs structurels de qualité, le degré d'intégration avec le secteur public, les contraintes internes et externes subies par les acteurs, les partenariats public-privé existants ou proposés, ainsi que les projets et idées pour l'expansion ou l'extension de leurs activités. L'analyse distingue, autant que possible, les prestataires de soins à but lucratif et les prestataires de soins à but non lucratif.

Outils et méthodologie

L'analyse de l'offre est basée sur quatre sources d'information principales, à savoir : 1) les données existantes (carte sanitaire et recensements) ; 2) l'enquête par questionnaire ; 3) les entretiens dirigés avec les informateurs clés et les prestataires de services de santé ; ainsi que 4) les groupes de discussion avec des prestataires.

Sur un échantillon d'acteurs, un questionnaire court a été utilisé puis, sur un sous-échantillon de prestataires, un questionnaire long a été appliqué. Le questionnaire court était une enquête quantitative avec des questions fermées et le questionnaire long visait à recueillir des données qualitatives. Pour ce faire, les données ont été recueillies auprès d'un échantillon d'acteurs du secteur privé de la santé dans les communes de Brazzaville et de Pointe-Noire et dans le département de la Sangha (Ouesso et Pokola). L'échantillon a été choisi dans la liste des structures recensées par les DDS dans les trois endroits. Les listes recensées n'étant pas totalement à jour, un bon nombre de structures répertoriées n'étaient plus fonctionnelles. Ceci a parfois contraint les enquêteurs à remplacer les structures initialement visées par l'échantillonnage par d'autres structures. L'échantillon n'est de ce fait pas entièrement aléatoire.

Les catégories ci-après d'acteurs ont fait l'objet de cet exercice : *a*) questionnaire court : 63 structures privées de santé et prestataires de soins ; *b*) questionnaire long : sous-échantillon de 20 prestataires parmi les 63 interrogés par le questionnaire court ; *c*) entretiens dirigés : quatre grossistes pharmaciens et responsables de cinq laboratoires d'analyses biologiques et centres d'imagerie médicale ; et *d*) groupes de discussion : pharmaciens (10 personnes) et tradithérapeutes (10 personnes à Pointe-Noire ; six personnes à Brazzaville)[19].

Le tableau 4.1 et la figure 4.25 donnent la répartition des prestataires de soins interrogés par ville et par statut de l'établissement. Il est encore important de noter que l'échantillon n'est pas tout à fait aléatoire, donc que la répartition des prestataires interrogés ne représente pas la véritable répartition des types de prestataires de soins à Brazzaville et Pointe-Noire.

Tableau 4.1. Nombre de structures examinées par localité

Nombre d'enquêtés	Brazzaville	Pointe-Noire	Sangha	Total
Questionnaire court (échantillon)	26	32	5	63
Questionnaire long (sous-échantillon)	9	9	2	20

Source : auteurs.

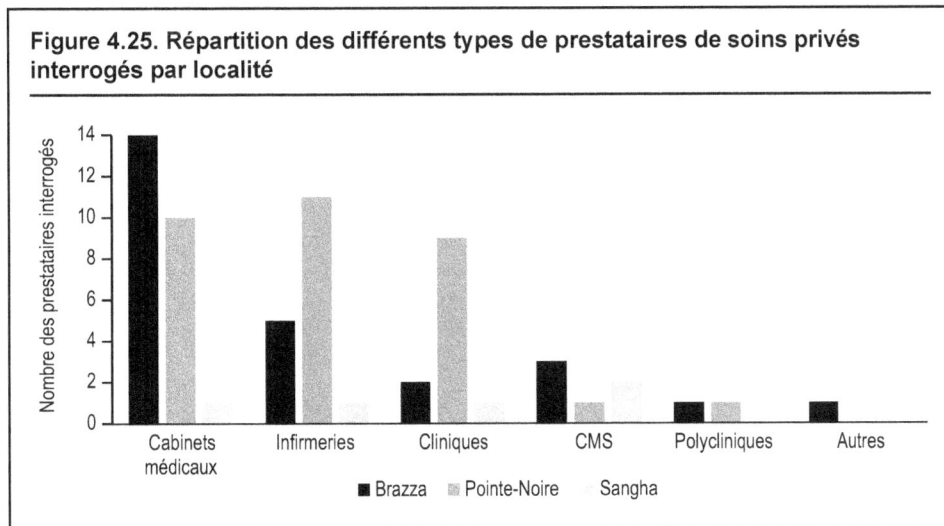

Figure 4.25. Répartition des différents types de prestataires de soins privés interrogés par localité

Source : auteurs.

Répartition des formations sanitaires par localité

Au total, la carte sanitaire de 2005 a recensé 1 002 structures de santé privées (y compris les prestataires de soins, les officines et les dépôts pharmaceutiques) réparties sur tout le territoire, dont la grande majorité (90 %) est située dans les zones urbaines et semi-urbaines. La majorité des structures de soins privées ont été concentrées à Brazzaville et à Pointe-Noire, même si ces deux départements ne couvrent que 60 % de la population totale.

En comparaison, les inventaires des structures privées de soins de santé à Brazzaville et à Pointe-Noire, réalisés en 2010 par les DDS de Brazzaville et de Pointe-Noire respectivement, ont comptabilisé 191 structures privées à Brazzaville et 326 à Pointe-Noire.

Répartition des formations sanitaires selon le type

La carte sanitaire de 2005 montre une répartition relativement similaire à celle des prestataires de soins privés révélée par l'enquête dans le cadre de cette étude (voir l'annexe D). Parmi les structures privées, les cabinets de soins infirmiers (30 %), suivis par les officines (19 %), les dépôts pharmaceutiques (15 %) et les cabinets médicaux (15 %) constituent la majeure partie des prestataires privés.

Les données obtenues par le recensement de 2010 n'identifient pas le type de structure de soins pour 24 % des structures situées à Brazzaville. Par contre, à Pointe-Noire, le type de structure est connu pour presque toutes les structures (moins de 1 % ne sont pas connues). À cet effet, il apparaît que les cabinets de soins infirmiers sont les structures les plus nombreuses, tant à Brazzaville (33,5 %) qu'à Pointe-Noire (63,5 %). Cette différence peut s'expliquer par les 24 % de structures de Brazzaville dont le type est indéterminé. Ainsi, si ces 24 % « manquants » à Brazzaville sont tous des cabinets de soins infirmiers, la différence entre Brazzaville et Pointe-Noire n'est alors plus très marquée pour ce type de structure. Les cabinets médicaux viendraient en seconde position, suivis des cliniques et des centres médico-sociaux. Les figure 4.26 et 4.27 donnent les types de structures recensées en 2010, respectivement à Brazzaville et à Pointe-Noire.

Figure 4.26. Types de structures de santé recensées en 2010 à Brazzaville

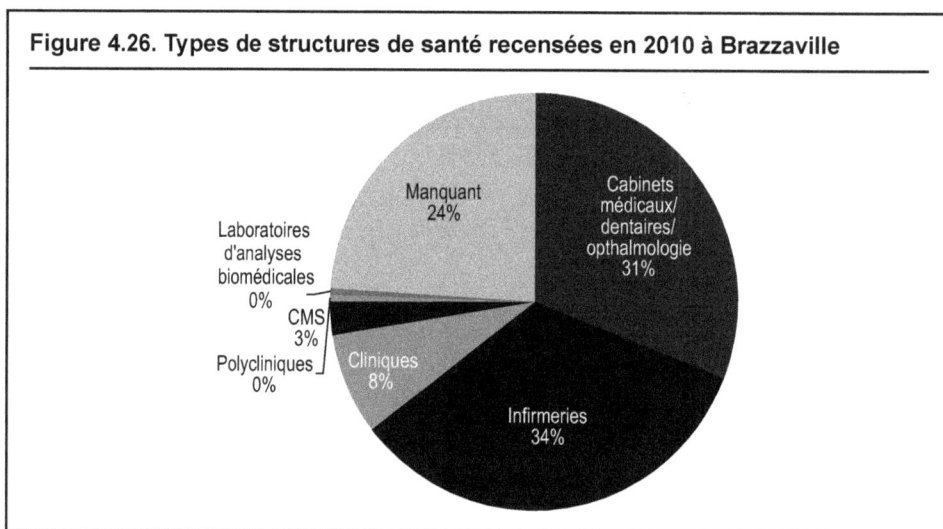

Source : auteurs.

Figure 4.27. Types de structures de santé recensées en 2010 à Pointe-Noire

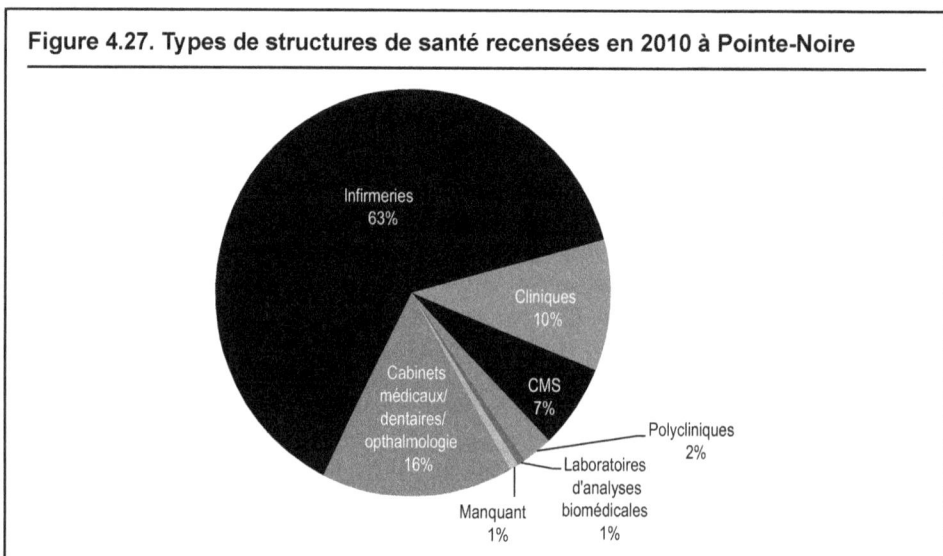

Source : auteurs.

Répartition des formations sanitaires selon le statut (à but lucratif ou non lucratif)

Selon la carte sanitaire de 2005, la grande majorité (88 %) des structures privées de santé est à but lucratif (73 % à Brazzaville et 97 % à Pointe-Noire). La répartition des 63 structures examinées (questionnaires courts et longs) est relativement similaire à celle de la carte sanitaire — 83 % d'entre elles sont à but lucratif et 17 % à but non lucratif. Le faible pourcentage des structures privées à but non lucratif à Pointe-Noire peut s'expliquer par le fait que la ville est le centre économique et industriel du pays et qu'elle concentre davantage de populations aisées. Les figures 4.28 et 4.29 donnent la répartition des structures examinées à Brazzaville et à Pointe-Noire.

Figure 4.28. Répartition des structures à buts lucratif et non lucratif examinées à Brazzaville

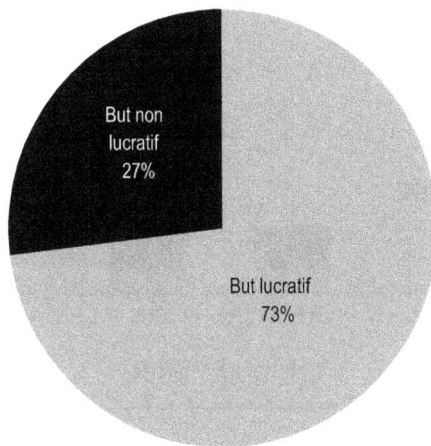

Source : auteurs.

Figure 4.29. Répartition des structures à buts lucratif et non lucratif examinées à Pointe-Noire

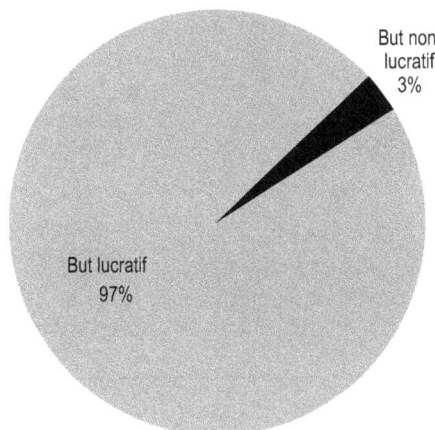

Source : auteurs.

Parmi les structures examinées à Brazzaville, la grande majorité des cabinets médicaux (85 %) et cabinets de soins infirmiers (80 %) est à but lucratif, et pourtant deux tiers des cliniques et centres médico-psychosociaux sont à but non lucratif. La figure 4.30 donne la répartition par profil des prestataires privés à Brazzaville selon qu'ils sont à but lucratif ou non.

Parmi les 20 prestataires de soins privés à but lucratif qui ont participé à l'enquête (questionnaire long), plus de deux tiers appartiennent à une personne physique, qui est généralement le promoteur ou le directeur de la structure (voir figure 4.31).

Figure 4.30. Répartition des prestataires de soins interrogés par type de prestataire à Brazzaville

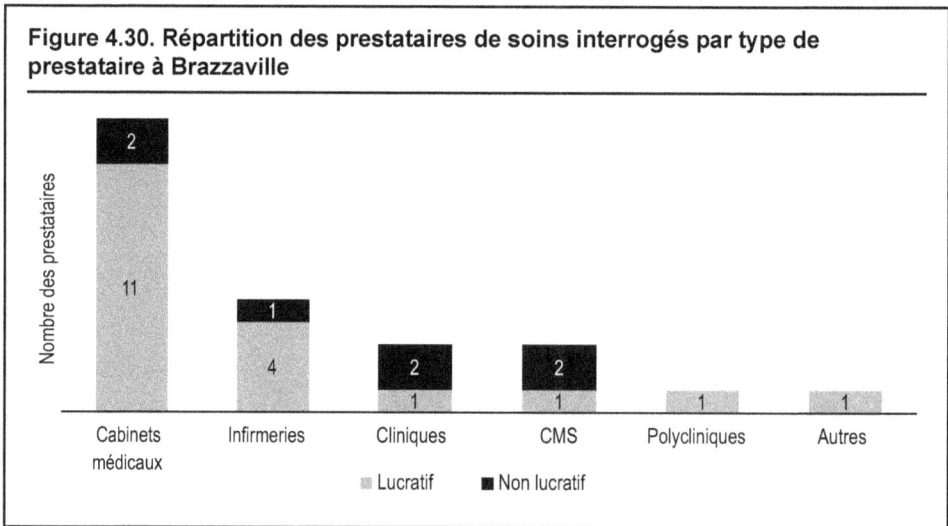

Source : auteurs.

Figure 4.31. Propriété des établissements à but lucratif

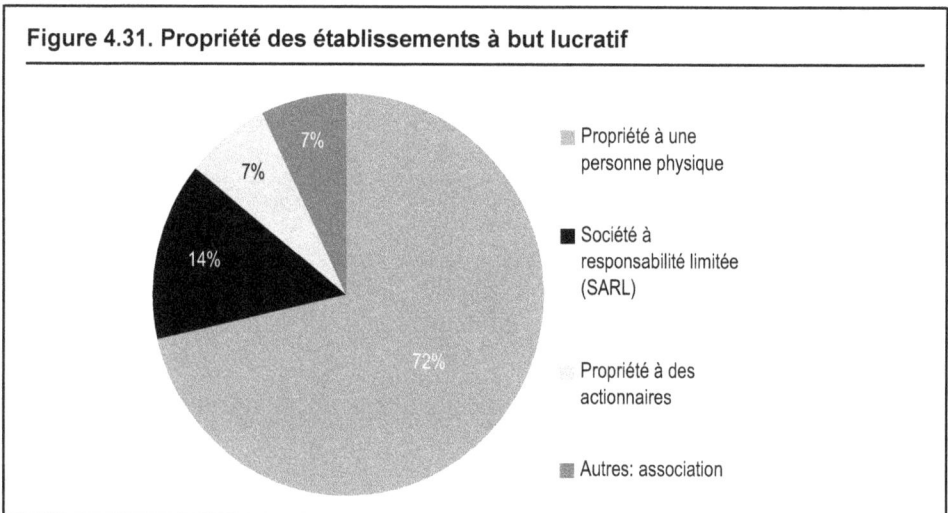

Source : auteurs.

Près d'un cinquième des structures ayant fait l'objet d'une enquête (questionnaires courts et longs) est à but non lucratif et toutes les structures sont des organisations non gouvernementales (ONG). La figure 4.32 donne la répartition des ONG, parmi lesquelles deux tiers sont des ONG nationales et un tiers des ONG internationales.

Figure 4.32. Propriété des établissements à but non lucratif

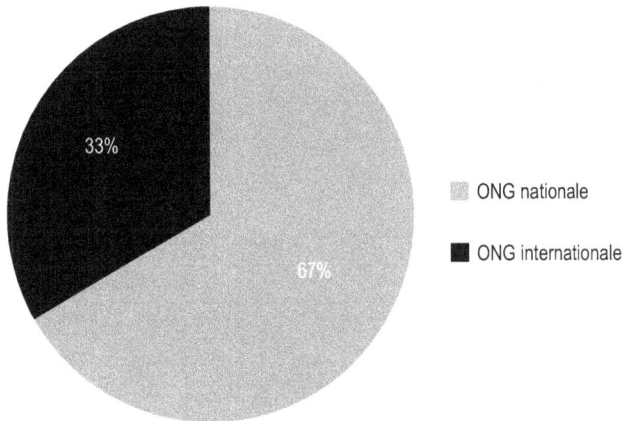

Source : auteurs.

Gestion et environnement des affaires des structures de soins privés

Cette section fournit des informations issues du recensement de 2010 et de nos enquêtes sur la gestion et l'environnement des affaires des structures de soins privés (y compris le profil et la nationalité du promoteur, les besoins de financement au moment de l'installation, les charges financières, l'accès au crédit, la stabilité des structures et la concurrence).

PROFIL DU PROMOTEUR

Les données obtenues à partir des recensements de 2010 font ressortir qu'il n'existe pas d'information sur le profil du promoteur pour 31,4 % des structures à Brazzaville et 21,8 % d'entre elles à Pointe-Noire. À Brazzaville, les structures pour lesquelles les informations sont disponibles révèlent que, c'est le niveau de médecin qui est le plus fréquent (38 %) en tant que promoteur, suivi du niveau d'infirmier (26 %) puis de celui d'assistant (21 %). En revanche, à Pointe-Noire, le niveau d'infirmier (46 %) prédomine, suivi par celui de docteur en médecine (33 %) et celui d'assistant (10 %).

NATIONALITÉ DU PROMOTEUR

Il ressort des recensements de 2010 que les promoteurs sont en majorité de nationalité congolaise (75,9 % à Brazzaville et 71,8 % à Pointe-Noire). Cependant, les données obtenues font ressortir que les informations sur la nationalité du promoteur ne sont pas disponibles dans la base de données pour une structure privée sur cinq (Brazzaville : 19 % et Pointe-Noire : 20 %). En supposant que les promoteurs pour lesquels il n'a pas été possible de recueillir d'information quant à leur nationalité sont en majorité des étrangers, la proportion d'étrangers qui exercent dans le secteur privé de la santé au Congo n'est pas négligeable.

BESOINS DE FINANCEMENT À L'INSTALLATION

Les besoins de financement à l'installation posent un problème pour tous les groupes de prestataires, mais évidemment davantage pour des structures plus importantes (par exemple les polycliniques) ou des structures qui nécessitent un capital/stock important de départ (par exemple les grossistes). Les frais d'enregistrement (décrits à l'annexe F) varient, allant de 200 000 FCFA pour les cabinets de soins infirmiers à 500 000 FCFA pour les cabinets médicaux spécialisés et les centres médico-sociaux. De plus, d'autres investissements importants sont nécessaires pour démarrer une activité (tels que la location ou l'achat d'un bâtiment, l'achat de mobilier, d'équipement et de fournitures et l'embauche de personnel). La figure 4.26 indique les sources de financement à l'installation des différents types de structures privées.

Tableau 4.2. Sources de financement à l'installation par type de structure privée

Fonds pour l'ouverture	Structure			
	Prestataires de soins	Laboratoires	Pharmacies	Grossistes
Fonds propres (ou familiaux)	85 %	100 %	+++[a]	0 %
Contributions des associés/actionnaires	15 %	0 %	0 %	100 %
Emprunt auprès de tiers + intérêts	0 %	0 %	+[b]	0 %
Prêts bancaires	0 %	0 %	0 %	0 %

Source : auteurs.
[a]+++ signifie que la source fournit un financement élevé.
[b]+ signifie que la source fournit un financement moins élevé.

Les besoins de financement à l'installation des grossistes sont plus importants et presque entièrement financés par les actionnaires. Chez les prestataires privés, seules les structures organisées en tant qu'associations (souvent les plus grandes) financent leurs coûts d'investissement par le biais de leurs actionnaires.

Les fonds propres (personnels ou emprunt familial sans taux d'intérêt) sont la source de financement à l'ouverture la plus importante pour les prestataires de soins privés, les laboratoires et les pharmacies. Seuls les propriétaires de pharmacies semblent emprunter de l'argent à des tiers.

CHARGES FINANCIÈRES

Plusieurs impôts et taxes sont à la charge des structures privées (voir l'annexe F). Les médicaments et les services de soins sont soumis à des taxes, tout comme les autres activités et biens commerciaux classiques.

Tous les groupes de prestataires se plaignent de la lourdeur des impôts et des taxes sur leur chiffre d'affaires. À titre d'exemple, voici les différentes taxes payées par les grossistes à l'importation :

Tarif extérieur commun droit de douane 5 % + Taxe communautaire d'intégration 1 %
+ Redevance informatique 2 % + Contribution commune d'intégration 0,4 % + Taxe receveur 0,1 %.

Toutes ces taxes, qui s'ajoutent aux divers frais de transport et autres, sont répercutées sur le prix du médicament.

Enfin, un tiers des prestataires de soins privés considèrent les taxes comme l'un des coûts les plus importants. De plus, le fait que plusieurs ministères interviennent parfois dans les mêmes domaines sans coordination apparente entre eux est perçu par les prestataires comme une entrave à l'efficacité. Les médicaments, les produits consommables et le matériel constituent de loin les dépenses les plus lourdes. En deuxième lieu, il y a les pièces de rechange et la maintenance. Le loyer a été mentionné seulement par deux structures et les salaires du personnel par une structure.

Les conditions de règlement les plus fréquentes avec les fournisseurs d'intrants sont le paiement comptant, qui couvre un peu plus de la moitié des cas. Un cas seulement dit bénéficier de conditions de crédit de la part de fournisseurs. La qualité des intrants est réputée très satisfaisante dans deux tiers des cas et la fiabilité pour un peu moins de la moitié des structures. Le prix des produits est acceptable dans au moins 80 % des cas.

Accès au crédit

L'accessibilité à un prêt bancaire pour démarrer une entreprise/un établissement de santé privé ou pour étendre une activité semble poser un problème pour tous les groupes de prestataires. Cette contrainte est considérée comme très importante par un grand nombre de prestataires privés. Ce problème est plus aigu pour les grandes entreprises (comme les grossistes). Ceci constitue évidemment un obstacle au développement du secteur privé de la santé.

Selon une banque interviewée, les conditions des prêts au secteur de la santé ne diffèrent pas de celles des autres secteurs, qu'il s'agisse des taux d'intérêt ou des garanties exigées. Cependant, l'interlocuteur interrogé a noté que le montant moyen des prêts accordés au secteur de la santé était inférieur à celui des autres secteurs.

Il faut noter que le syndicat des pharmaciens et une banque locale ont récemment pris l'initiative d'étudier le problème de l'accès au crédit pour trouver des solutions en faveur des pharmaciens et des grossistes.

Tarification

Les grilles officielles de tarification ne sont pas appliquées de façon uniforme par tous les groupes de prestataires. Dans le secteur pharmaceutique (grossistes et pharmaciens), les tarifs sont plus ou moins standardisés sur l'ensemble du pays (en dehors de quelques différences dues aux frais de transport plus élevés dans les endroits éloignés). La tarification est en revanche libre pour les prestataires de soins privés et les laboratoires, qui ne respectent pas les tarifs officiels (voir tableau 4.3).

Tableau 4.3. Mode de tarification par type de structure privée

Tarification	Structure			
	Prestataires de soins	Laboratoires	Pharmacies Grossistes	Tradithérapeutes
Libre	√	√		√
Standardisée			√	

Source : auteurs.

Pour les prestataires de soins privés, les tarifs des services varient considérablement selon le type de structure (clinique, cabinet privé, etc.) et selon la localité. Par exemple, les données fournies lors de l'enquête montrent que le tarif d'une consultation pour un enfant fiévreux varie de 430 % (!) dans l'ensemble du pays et de 90 % à 100 % pour des structures comparables (respectivement cabinet des soins infirmiers et centre médico-social). Ces tarifs sont plus élevés à Sangha (milieu rural) qu'à Brazzaville. Pour des interventions plus chères (césarienne), la fourchette des prix est beaucoup plus étroite (variation de 38 %) et les tarifs les plus bas sont pratiqués dans le milieu rural.

Selon les promoteurs interrogés, les prix pratiqués sont très souvent fixés de façon à fournir des services à prix abordable pour la population locale et à permettre aux promoteurs de faire un bénéfice et/ou couvrir leurs frais d'exploitation. Dans deux cas seulement, les répondants ont dit qu'ils tenaient compte de la concurrence dans la fixation des tarifs. Bien que la loi de l'offre et de la demande prime dans un contexte de libre marché, l'établissement d'une tarification ne semble pas suivre une véritable logique de marché. De plus, la question de la tarification totalement libre des services de santé et de laboratoires peut se discuter.

Stabilité des structures de soins privés

À partir des informations collectées auprès du groupe de prestataires interrogés, il semble que les structures de soins privés sont assez stables. Elles existent depuis plusieurs années et peu de faillites ont été enregistrées. Par exemple, parmi les prestataires de soins privés interrogés, deux tiers des structures existent depuis plus de cinq ans et 90 % d'entre elles depuis plus de deux ans.

Lorsqu'il a été demandé aux prestataires de soins (dans les questionnaires longs) s'il y avait eu des changements dans l'offre ou le volume des activités, seulement six des 20 prestataires ont répondu qu'il y avait eu des changements majeurs. Un seul parmi les six a enregistré une baisse de ses activités. Quatre structures ont connu une modification de capital ou de régime dont une, suite au décès d'un associé. Deux cas ont des antécédents de déménagement. Dans un cas, il s'agissait d'un changement de propriétaire, dans l'autre, d'actions humanitaires anciennes.

Concurrence

Les prestataires de soins privés interrogés par le questionnaire long ressentent la concurrence vis-à-vis d'autres structures constituées, surtout de la part d'établissements hospitaliers plutôt privés[20] (11/20) que publics (5/20), mais aussi de la part d'établissements de soins ambulatoires, soit privés (7/20), soit publics (4/20). Les cabinets médicaux ressentent surtout une concurrence de la part des autres établissements privés de soins ambulatoires. Les cliniques, quant à elles, disent être concurrencées par les autres hôpitaux, certains publics mais surtout privés. Deux structures ont déclaré ne pas connaître une quelconque concurrence.

Services offerts par des prestataires de soins privés

Presque tous les services sont disponibles dans les structures de soins privées. Les principaux services offerts par les 63 structures examinées (questionnaires court et long) sont la médecine générale, les services de la santé de la reproduction, la chirurgie ou petite chirurgie et la médecine pédiatrique. De plus, la plupart des structures de soins ayant répondu au questionnaire court offrent les services de laboratoire (74 %) et un nombre important de ces structures offrent également des services pharmaceutiques (42 %). Il est intéressant de noter que les services de la santé de la reproduction sont plus souvent offerts dans des établissements à but non lucratif que dans des établissements à but lucratif. Les services offerts dans les 63 structures couvrent la répartition montrée dans les figure 4.33 et 4.34

Malgré une disponibilité relativement entière de la plupart des principaux types de services de santé, il existe des lacunes importantes dans les services de soins privés, en particulier dans les services spécialisés. Par exemple, parmi les structures ayant fait l'objet du questionnaire court, une seule clinique a une activité importante en chirurgie

Figure 4.33. Types de services offerts par les prestataires de soins privés par localité

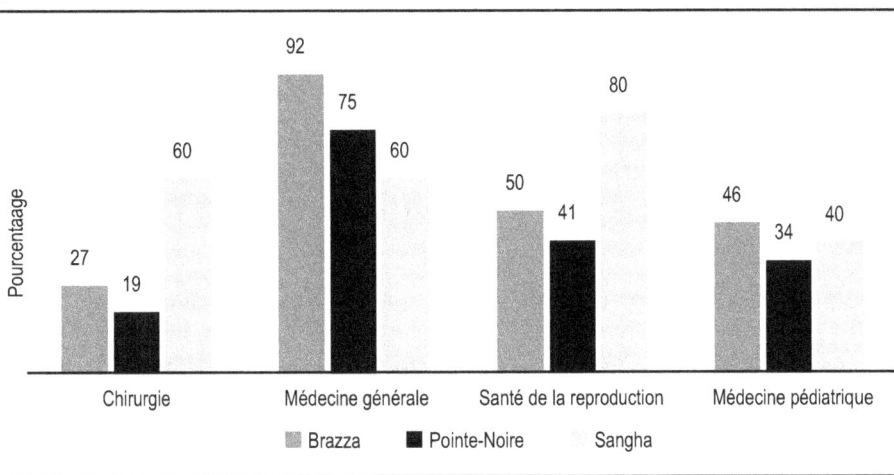

Source : auteurs.

Figure 4.34. Types de services offerts par les prestataires de soins privés à buts lucratif et non lucratif

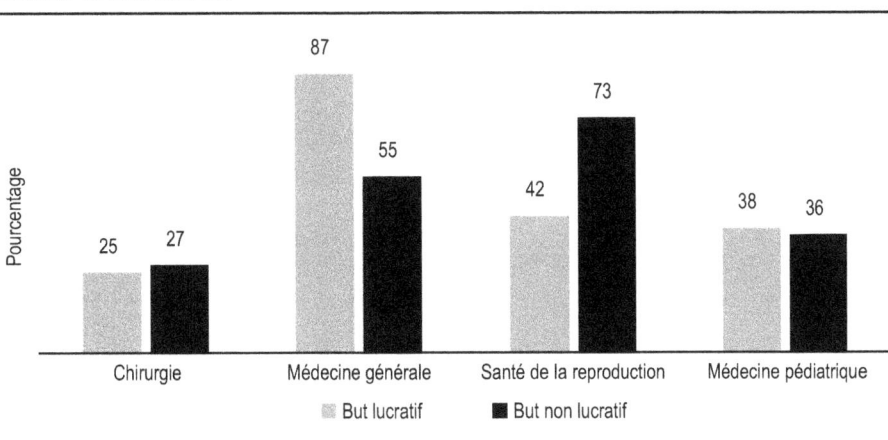

Source : auteurs.

(en moyenne 64 interventions chirurgicales par mois). De plus, les structures examinées offrent rarement la dentisterie, l'ORL, l'ophtalmologie, la radiographie, la stomatologie et la physiothérapie.

DISPONIBILITÉ DES MÉDICAMENTS ET LES ORDONNANCES

La disponibilité des médicaments essentiels varie largement et elle n'est pas du tout garantie dans les structures ayant fait l'objet du questionnaire court. Excepté dans les polycliniques où seuls l'amoxicilline et le paracétamol ont été indiqués comme disponibles (dans une liste de sept médicaments)[21], les autres médicaments essentiels sont disponibles dans toutes les catégories d'établissements, mais pas dans toutes les structures. Bien que ces catégories d'établissements examinés ne sont pas censées posséder ni vendre des médicaments, 22 % de cabinets médicaux et 33 % de centres médico-sociaux à Brazzaville ont tous les médicaments essentiels énumérés en stock, et à Pointe-Noire, 25 % des cliniques possèdent en stock l'ensemble de ces médicaments.

Le nombre moyen d'ordonnances livrées pour les 63 structures (questionnaires court et long) est de 22 par jour parmi tous les types de structures dans les trois sites de l'étude. La moyenne la plus élevée est observée dans une clinique d'Ouesso/Pokola (180). À Brazzaville, le nombre moyen d'ordonnances délivrées par jour est relativement important dans les cabinets médicaux (30). À Pointe-Noire, cette moyenne est dépassée par un CMS (80), suivi par un cabinet de soins infirmiers et une clinique (40 chacun).

ANALYSES BIOMÉDICALES ET IMAGERIE MÉDICALE

La majorité des 63 structures de soins (questionnaires court et long) réalise moins de 20 analyses par jour. Le nombre moyen est de loin le plus important dans un cabinet médical de Brazzaville (75), un CMS à Pointe-Noire (60) et une clinique à Ouesso (50).

Si les laboratoires et l'échographie sont disponibles dans tous les types de formations sanitaires, la radiographie est déclarée seulement dans les cliniques et les cabinets médicaux. Ainsi, on constate que les laboratoires sont plus fréquents dans les cabinets de soins infirmiers que dans les cabinets médicaux. C'est le contraire pour l'échographie.

SERVICES D'HOSPITALISATION ET RÉFÉRENCES

Le secteur privé offre peu de services d'hospitalisation. Certaines formations privées disposent de lits d'hospitalisation mais ces formations ne possèdent pas le niveau technique d'un hôpital. Selon les réponses du questionnaire court, seules deux polycliniques ont des lits d'hospitalisation (moins de 10 lits). À part les polycliniques, seulement 25 % des cliniques et 17 % des cabinets médicaux ont quelques lits d'hospitalisation (en général moins de 10 dans chaque établissement). La référence des cas compliqués reçus par les formations privées se fait en s'adressant aux grands hôpitaux publics. Pour ce qui est de la contre-référence, la notion même n'est pas connue par la plupart des répondants. Elle est par ailleurs inexistante.

DISPONIBILITÉ DE MATÉRIEL ET D'ÉQUIPEMENT

Dans la majorité des structures ayant fait l'objet de l'enquête (questionnaire court), tous les équipements de consultation ont été déclarés disponibles. L'instrument le moins déclaré est le pèse-bébé qui n'est présent que dans 50 % des polycliniques et des cliniques, dans 61 % des cabinets médicaux et dans 43 % des cabinets de soins infirmiers.

La fréquentation des patients pour les consultations externes n'est pas très élevée pour toutes les catégories de structures dans les trois sites de l'étude. Le nombre moyen de consultations journalières est de 14. La répartition selon les sites de l'enquête montre que les CMS de Brazzaville et de Pointe-Noire sont les plus fréquentés (avec une moyenne de 18 et 20 respectivement). Un cabinet médical à Ouesso est le moins fréquenté (avec seulement quatre consultations par jour) (voir figure 4.35).

Figure 4.35. Nombre moyen de consultations par jour par type de structure de soins et par localité

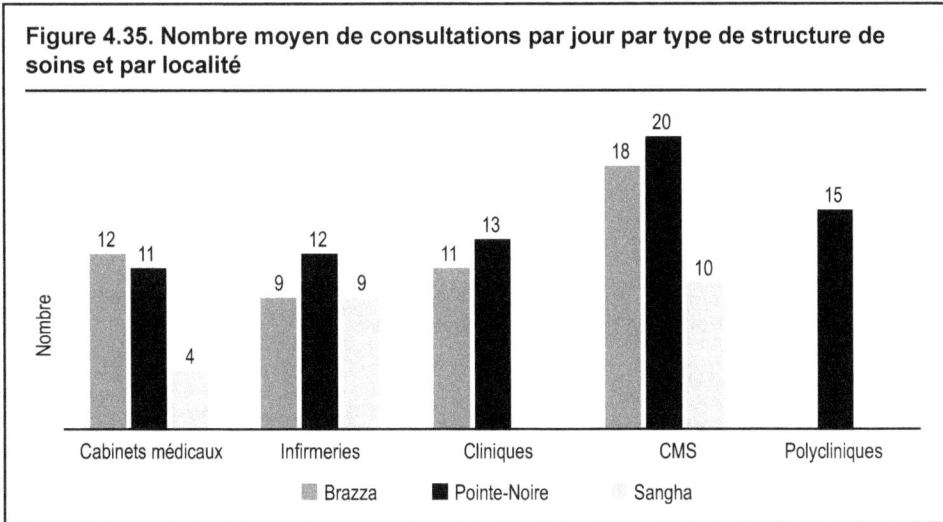

Source : auteurs.

Secteur pharmaceutique

La présente section présente le secteur pharmaceutique privé, y compris l'approvisionnement, la vente de médicaments et la production.

Le réseau privé de la distribution pharmaceutique est constitué de neuf grossistes importateurs dont cinq sont installés à Brazzaville et quatre à Pointe-Noire, parmi lesquels trois sont représentés à Brazzaville ainsi qu'à Pointe-Noire.

En principe, la COMEG (présentée dans le chapitre 4) approvisionne les structures pharmaceutiques privées en médicaments de première nécessité conformément aux instructions du président du conseil d'administration de la COMEG. À ce jour, cela ne s'applique qu'à l'insuline. L'approvisionnement en insuline vise à compenser les prix pratiqués par le secteur privé pour des raisons de santé publique. La COMEG a établi plusieurs accords de partenariat avec d'autres organismes pour le stockage, la gestion puis la distribution des produits du domaine pharmaceutique financés par différents organismes dans le cadre de leurs attributions, tels que le secrétariat exécutif permanent du Conseil national de lutte contre le sida[22], le FNUAP[23] et la Croix-Rouge française[24]. Ces contrats ne sont pas de véritables PPP mais pourraient être utiles à titre d'exemple de contrats de prestation de services.

VENTE DE MÉDICAMENTS

Il y a près de 220 pharmacies dans tout le pays, situées principalement dans les grandes agglomérations que sont Brazzaville, Pointe-Noire, Dolisie, NKayi et Ouesso, et près de 400 dépôts pharmaceutiques se trouvent dans les localités dites secondaires. En 2006-2007, selon la base de données de l'ONP, le nombre de pharmacies (appelées officines) et de dépôts pharmaceutiques s'élevait à 186 et 120 respectivement. Ceci confirme la perception générale que le secteur pharmaceutique privé s'étend rapidement dans le pays.

En 2007, selon l'ONP, il y avait 205 pharmaciens, dont 199 pharmaciens d'officine et six pharmaciens hospitaliers. Ceci équivaut à 0,51 pharmacien pour 10 000 habitants comparé à 0,33 pour l'Afrique subsaharienne et à 3,07 pour les pays à revenu intermédiaire.

La structure des prix des médicaments est fixée selon les dispositions de la loi n° 6/94 portant réglementation des prix, des normes commerciales, et constatation et répression des fraudes, et de l'arrêté n° 4790 du 15 septembre 1994 portant la réglementation des prix des produits pharmaceutiques. Cet arrêté fixe les marges des grossistes répartiteurs et celle des pharmaciens d'officine.

Les données financières de tout le secteur pharmaceutique ne sont pas documentées. Cependant une banque (BCH) qui travaille avec les acteurs du secteur reconnaît à celui-ci un chiffre d'affaires de plus de 42 milliards de FCFA.

PRODUCTION DE MÉDICAMENTS

La production locale de produits pharmaceutiques reste très faible. À ce jour, LA-PHARCO est le seul laboratoire installé au Congo, et ne procède qu'au reconditionnement. Le coût des intrants serait l'obstacle principal au développement de la production locale.

Clients des prestataires de soins privés

L'analyse des réponses au questionnaire court suggère que les promoteurs estiment que la moitié de la clientèle des prestataires de soins privés sont des pauvres, y compris les plus démunis (voir le tableau 4.4). Cette observation est partiellement confirmée par l'analyse de la demande (voir le chapitre 4) et elle s'explique en partie par la flexibilité du prestataire de soins privés dans les modes et calendrier de paiement (voir plus loin). Cependant, la majorité de la clientèle des laboratoires et des pharmacies est de la classe moyenne ou aisée. Ceci suggère, soit un problème d'accessibilité financière pour ces deux dernières structures, soit que le prescripteur envoie (pour la même raison) plutôt

Tableau 4.4. Répartition des clients, en pourcentage, des prestataires privés par groupe socioéconomique

Classe	Prestataires de soins	Laboratoires	Pharmacies	Tradithérapeutes
Classe aisée	14 %	? %	++	+[a]
Classe moyenne	34 %	60–70 %	+++[b]	+
Pauvres	49 %	20 %	+	+
Les plus démunis	3 %	n.d.[c]	n.d.	+

Source : auteurs.
[a] + signifie que la classe est moins dominante.
[b] +++ signifie que la classe est plus dominante.
[c] « n.d. » signifie non disponible.

les pauvres vers des structures publiques ou ne les réfère pas[25]. Bien que ce soit la réalité, ceci pose un problème d'équité.

Il est à noter que les réponses concernant la répartition de la clientèle par groupe socioéconomique se fondent sur la perception du prestataire interrogé et ne sont pas basées sur des données objectives. Ceci devrait être pris en compte dans l'interprétation de ces données.

ACCESSIBILITÉ FINANCIÈRE

Pour les services de santé du secteur privé, le mode de paiement est le paiement direct par le client ou le paiement par un tiers (soit l'assurance maladie, soit paiement par l'entreprise de l'employé) [voir le tableau 4.5]. Presque tous les paiements des structures de santé privées proviennent directement des ménages. La disponibilité de l'assurance maladie est limitée (hormis quelques exceptions, principalement à Pointe-Noire, étant donné la présence dans cette ville d'un nombre important d'entreprises).

Tableau 4.5. Mode de paiement par type de structure privée à Brazzaville et Pointe-Noire

	Structure					
	Prestataires de soins		Laboratoires		Pharmacies[a]	
Nature des paiements	Brazzaville	Pointe-Noire	Brazzaville	Pointe-Noire	Brazzaville	Pointe-Noire
Paiement direct	55 %	52 %	100 %	35 %	>90 %	60 %
Paiement par un tiers	20 %	27 %		65 %	<10 %	40 %
Incapacité de payer	25 %	21 %				

Source : auteurs.
[a] Les résultats pour les pharmaciens représentent une estimation basée sur les groupes de discussion.

Les prestataires de soins privés sont confrontés au problème de l'incapacité de paiement pour presque un patient sur cinq. La prise en charge gratuite associée à l'impossibilité de recouvrer les coûts des soins est à l'origine d'un important manque à gagner dans les revenus des structures de santé, qui s'élève en moyenne à 30 % (estimation des prestataires interrogés). Ce pourcentage semble très élevé.[26]

Les promoteurs qui ont répondu au questionnaire court rapportent que différentes mesures sont prises lorsque les patients ne sont pas capables de payer les prestations. Dans plus de la moitié des cas, la prise en charge est gratuite et le recouvrement de ces coûts est engagé ultérieurement (11/20). Dans un tiers des cas, la structure affirme fournir des soins gratuits à ces patients (6/20). Dans un cas précis, une tarification à moitié prix pour les examens complémentaires a été appliquée. Dans deux cas, la prise en charge n'est pas assurée.

Il faut noter que ce phénomène ne se poserait apparemment pas au niveau des pharmacies et des laboratoires qui ne pratiquent pas la gratuité. Ceci suggère que les couches pauvres de la population n'ont pas accès à ces services particuliers.

Le potentiel d'élargissement de la couverture de l'assurance maladie et/ou de contractualisation/subvention des pharmacies et/ou laboratoires pour la couverture des pauvres est à considérer, ou bien une subvention des pauvres pour les médicaments et/ou les laboratoires. Sinon, la couverture efficace de la population pauvre par le secteur public reste à être assurée.

Obstacles communs à la performance

Tous les groupes de professionnels privés sont confrontés à des obstacles à la performance. La plupart de ces obstacles sont les mêmes pour l'ensemble des groupes.

Tous les groupes de prestataires confirment que la réglementation n'est pas correctement suivie[27] (par exemple en ce qui concerne la tarification des prestations), que le gouvernement ne l'applique pas de manière efficace (les inspections par les autorités ministérielles sont rarement faites), et que le contenu de la réglementation n'est pas connu de tous les prestataires. Ceci permet le développement d'un circuit parallèle dans chacun des domaines/groupes professionnels, surtout pour la vente de médicaments. Néanmoins, deux tiers des responsables d'établissements interviewés ressentent la réglementation comme un réel fardeau.

Plus de la moitié des responsables d'établissements (11/20 dans les questionnaires longs) affirme que des politiques publiques entravent certaines activités de leurs établissements. Ils ont en outre souligné l'importance des tracasseries administratives qui accompagnent ces politiques et législations. Selon un responsable, du fait de ces politiques, la demande des clientes n'est pas satisfaite, tout particulièrement une demande croissante d'interruption volontaire de grossesse, procédure interdite par la loi congolaise[28].

Les obstacles rapportés par groupe professionnel sont présentés au tableau 4.6 [29].

Projets en cours

Les promoteurs privés ont été interrogés sur leurs éventuels projets d'investissement en cours, afin de pouvoir identifier les tendances évolutives du secteur, et sur le type de contraintes qu'ils rencontrent dans l'expansion de leurs activités. Très peu de projets en cours ont en fait été identifiés, hormis des plans d'extension pour quelques presta-

Tableau 4.6. Obstacles à la performance cités par type de structure privée

Obstacles	Prestataire				
	Prestataires de soins privés	Laboratoires	Pharmaciens	Grossistes	Tradi-thérapeutes
Absence de représentation formelle	√	√		√	(√)
Autorisation provisoire	√		√		Pas d'enregistrement
Connaissance des textes réglementaires	√	√	√	√	Inexistante
Secteur insuffisamment régularisé	√	√	√	√	√
Absence de politique sous-sectorielle			√	√	√
Manque de contrôle du MSP	√		√		√
Manque d'encadrement & d'appui	√		√	√	√
Manque de subvention de l'État	√	√	√	√	√
Pas d'accès aux capital/prêts bancaires	√	√	√	√	
Charges financières lourdes	√	√	√	√	
Charges administratives lourdes	√	√	√	√	
Faiblesse des infrastructures publiques	√	√	√	√	
Insuffisance des ressources humaines	√				
Absence de financement de la demande	√		√	√	
Manque de PPP formalisé	√	√			√
Concurrence illégale		√	√	√	√
Rivalité avec la médecine orientale					√

Source : auteurs.

taires de soins privés, qui sont tous confrontés au problème de financement en raison du manque d'accès aux prêts bancaires.

Le seul projet intéressant en cours est celui du Syndicat national des pharmaciens du Congo qui, avec l'aide d'une banque nationale, a créé un Fonds de garantie et de solidarité avec l'apport financier des pharmaciens eux-mêmes. À l'occasion des deuxièmes journées pharmaceutiques de Brazzaville qui ont eu lieu en octobre 2010, une présentation intitulée « Banque et pharmacie » a été faite par une banque locale sur le thème des moyens de financement du secteur. La création du Fonds pourrait servir d'exemple à l'ensemble du secteur privé.

Les contractualisations formelles entre les secteurs privé et public sont rares. Par contre, les quelques exemples de PPP et les deux contrats formels de prestataires de soins privés cités plus haut fournissent la preuve que des exemples existent. Ceux-ci pourraient éventuellement servir de canevas de base pour une contractualisation plus large du secteur privé, au cas où les opportunités se présenteraient et si le MSP est intéressé.

Recommandations émises par les structures privées

Le tableau 4.7 rassemble les recommandations que chaque groupe professionnel a présentées lors de l'enquête et pendant les ateliers, ainsi que quelques recommandations que les experts ont ajoutées. Il est évident que certaines d'entre elles pourraient s'appliquer à l'ensemble du secteur privé (et pas seulement au groupe qui les a sollicitées)

Tableau 4.7. Recommandations (non classées par ordre de priorité) par groupe de prestataires

Recommandations[a]	Prestataire				
	Prestataires de soins privés	Laboratoires	Pharmaciens	Grossistes	Tradi-thérapeutes
Instaurer un cadre formel de représentation et de collaboration	√	√	√	√	√
Faciliter et rendre plus efficace la procédure d'autorisation	√		√		
Réglementation plus développée, appliquée et rendue obligatoire	√	√	√	√	√
Introduire/renforcer une politique sur les médicaments génériques			√	√	
Favoriser l'accès à la formation continue	√				
Favoriser l'accès au crédit bancaire	√	√	√	√	
Favoriser un appui technique dans l'élaboration des projets/gestion	√			√	
Alléger les taxes	√			√	√
Alléger les charges administratives	√	√	√	√	
Introduire des modalités de financement de la demande	√				
Introduire/formaliser les PPP	√	√			√
Contractualiser pour la prise en charge des pauvres	√	(√)			
Revoir l'étendue des services autorisés		(√)			
Subventionner certains médicaments essentiels			√	√	
Introduire des mesures incitatives pour l'ouverture en milieu rural	(√)		√		
Éliminer la concurrence illégale et déloyale	√			√	
Subventionner la médecine traditionnelle et formaliser la formation et la recherche					√

Source : auteurs.
[a] **(√)** Recommandation potentielle proposée par l'équipe d'experts (et non par le groupe de prestataires).

telles que, par exemple, la procédure d'autorisation ou la politique concernant les médicaments génériques. Dans une large mesure, ces recommandations traitent les obstacles communs listés plus haut, ce qui explique qu'elles se retrouvent de manière égale dans plusieurs groupes.

Synthèse et conclusions

Un résumé des résultats et conclusions sur l'offre privée comprend les points suivants :

- La majorité des structures de soins privées sont concentrées à Brazzaville et à Pointe-Noire, même si ces deux départements ne couvrent que 60 % de la population totale. Parmi ces structures privées, les cabinets de soins infirmiers sont les plus nombreux.
- La grande majorité des structures privées de santé sont à but lucratif.
- Les besoins de financement à l'installation posent un problème pour tous les groupes de prestataires. Les fonds propres du promoteur sont la source de financement la plus importante à l'ouverture pour les prestataires de soins privés, les laboratoires et les pharmacies.
- Tous les groupes de prestataires se plaignent du fardeau des impôts et taxes sur leur chiffre d'affaires.
- L'accessibilité aux prêts bancaires pose un problème pour tous les groupes de prestataires.
- Si la tarification est libre pour les prestataires de soins privés et les laboratoires (les tarifs officiels ne sont pas respectés), les tarifs sont plus ou moins standardisés dans le secteur pharmaceutique (grossistes et pharmaciens).
- Les principaux services offerts par les prestataires de soins sont la médecine générale, les services de la santé de la reproduction, la chirurgie ou petite chirurgie et la médecine pédiatrique. Il existe des lacunes importantes, en particulier dans les services spécialisés (par exemple la dentisterie, l'ORL, l'ophtalmologie, la radiographie, la stomatologie et la physiothérapie).
- L'utilisation des consultations externes par les patients est peu élevée pour toutes les catégories de structures de soins (le nombre moyen de consultations par jour est de 14).
- Selon les promoteurs, si la moitié de la clientèle des prestataires de soins privés est pauvre, la majorité de la clientèle des laboratoires et des pharmacies appartient à la classe moyenne ou aisée.
- Presque tous les paiements effectués auprès des structures de santé privées proviennent directement des ménages. La prise en charge gratuite associée à l'impossibilité de recouvrer les coûts des soins est à l'origine d'un important manque à gagner pour les prestataires de soins.
- Les principaux obstacles à la performance identifiés par les promoteurs privés comprennent : le manque de représentation formelle, les autorisations d'exercer et la réglementation, l'absence de politique sous-sectorielle pour le secteur privé, le manque de soutien et de subventions de l'État, le manque d'accès au capital, les charges financières et administratives, la faiblesse de l'infrastructure publique, l'insuffisance des ressources humaines, le manque de PPP formalisés et la concurrence illégale et déloyale.

▨ Il existe très peu de projets en cours pour développer les activités du secteur privé de la santé. Le seul projet intéressant en cours est celui du Syndicat national des pharmaciens du Congo qui, avec l'aide d'une banque nationale, a créé un Fonds de garantie et de solidarité.

Analyse du cadre institutionnel pour les acteurs du secteur privé de la santé

Le présent chapitre analyse les relations des prestataires de santé privés avec d'autres institutions, identifie les contraintes existantes et tente de trouver des solutions. Cette analyse se fonde sur les résultats de l'enquête menée dans le cadre de l'étude ainsi que sur les entretiens avec les représentants des structures du secteur privé de la santé et les discussions en « *focus groups* » organisées dans le cadre de l'étude avec des prestataires privés.

Relations des acteurs du secteur privé de la santé avec d'autres institutions

Comme présenté dans le chapitre 2, les structures de santé privées entretiennent des relations avec tout un éventail d'institutions, tant gouvernementales que privées.

Du côté du secteur public, l'interaction majeure s'articule autour du MSP, bien que des relations directes existent également avec le Ministère du commerce et le Ministère des finances. En outre, les services publics de santé coordonnent leurs activités de manière informelle, en particulier les hôpitaux.

Les services de santé privés entretiennent aussi des relations avec toute une gamme d'institutions privées. L'interaction première est celle qui se produit avec les usagers de soins de santé qui achètent des produits et services auprès des acteurs de santé privés. De plus, les distributeurs privés d'équipement médical et les grossistes en produits pharmaceutiques et médicaux collaborent avec les structures de santé privées pour leur fournir des produits.

La figure 4.36 résume l'ensemble des relations des acteurs du secteur privé de la santé avec d'autres institutions, auxquelles viennent s'ajouter les rapports avec les fournisseurs privés d'intrants, les sources de financement et les bénéficiaires de leurs produits et services. Les sections suivantes visent à examiner ces relations de façon à identifier les contraintes existantes et tenter de trouver d'éventuelles solutions.

Ressources humaines

Il y a peu de coordination en matière de gestion des ressources humaines entre les secteurs public et privé. Cette faiblesse s'explique par le manque de cadre de concertation entre le Ministère de la santé et les Ministères de l'enseignement technique et professionnel et de l'enseignement supérieur, et de volonté de la part des décideurs. Par exemple, certains centres catholiques comptent déjà des personnels recrutés et payés par les autorités catholiques mais l'État leur envoie davantage de personnel sans tenir compte de leurs avis, des besoins de la structure, voire même des compétences des nouveaux agents envoyés.

Exercice privé de l'enseignement

En dépit du fait que le secteur privé de la santé n'est pas autorisé (juridiquement) à entreprendre des activités de formation de personnels de santé, en raison du manque de contrôle, il existe des écoles privées qui forment officieusement des agents de santé[30]. Ceci engendre des problèmes pour les quelques écoles paramédicales privées existantes mais aussi pour le personnel de santé formé dans ces écoles officieuses (conformité des

Figure 4.36. Relations des acteurs du secteur privé de la santé avec d'autres institutions

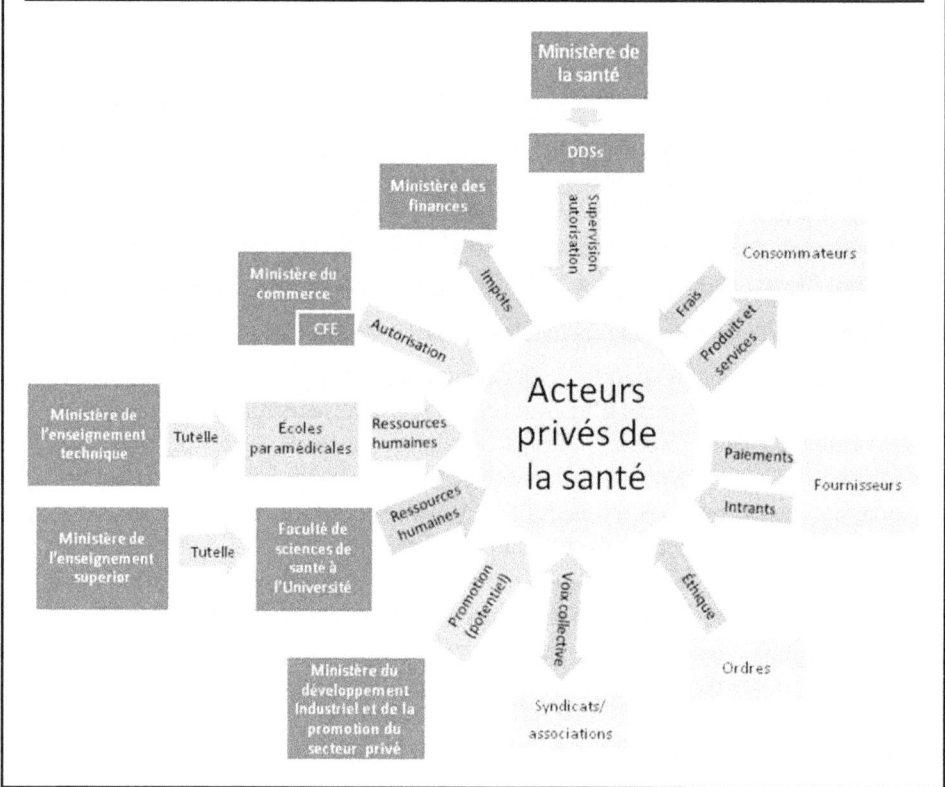

Source : auteurs.

diplômes, voir chapitre 2). Les candidats issus de ces écoles privées ne peuvent pas passer les examens d'État officiels et ils se retrouvent donc sans diplôme reconnu. Ils n'ont d'autre recours que celui de travailler dans les établissements de santé privés puisque les structures publiques ne les acceptent pas. Les promoteurs du secteur privé qui emploient ces personnels souhaiteraient que les étudiants ayant suivi des cours dans les écoles privées puissent se présenter aux examens d'État pour valider leurs compétences et obtenir des diplômes. En outre, il n'existe pas de politique visant à promouvoir l'accès à la formation continue pour le personnel du secteur privé.

Cadre juridique

Le décret n° 88/430 du 6 juin 1988 définit les conditions d'exercice avec clientèle privée (pour les professions médicales, paramédicales et pharmaceutiques), y compris les critères universitaires. En principe, seuls des ressortissants congolais peuvent démarrer une activité privée dans le domaine de la santé (ceci n'est pas le cas pour certains autres secteurs commerciaux). La loi fournit des précisions sur les principales activités à mener dans le cadre des formations sanitaires privées ainsi que les tâches spécifiques pouvant être prescrites par le MSP dans le cadre de programmes nationaux. Par contre, la loi ne spécifie pas les qualifications des prestataires selon les actes pratiqués (en réalité, l'infirmière par exemple fait des consultations, des aides sanitaires pratiquent des accouchements, etc.).

Le décret n° 88/430 précise également les conditions d'exercice de la bi appartenance des fonctionnaires (mise en disponibilité, retraités, démissionnaires et caractère impératif d'un contrat avec l'État) mais non des prestataires privés. La loi prévoit un arrêté conjoint du MSP et du Ministère du commerce précisant la tarification des actes, mais les grilles tarifaires ne sont pas régulièrement publiées (selon cette enquête, les tarifs varient selon le type de formation sanitaire, le type de prestataire et la localisation géographique ; voir le chapitre 4). Les produits pharmaceutiques, dont les tarifs sont publiés, sont l'exception et, selon les résultats de cette enquête, respectés.

Autorisation d'exercer

PROCÉDURE À SUIVRE AUPRÈS DU MINISTÈRE DE LA SANTÉ

La procédure à suivre pour obtenir une autorisation d'exercer (voir l'annexe F) n'est pas appliquée efficacement et il n'est pas tiré parti au mieux de sa plus-value potentielle. La figure 4.37 présente la situation des groupes de prestataires interrogés dans la présente étude.

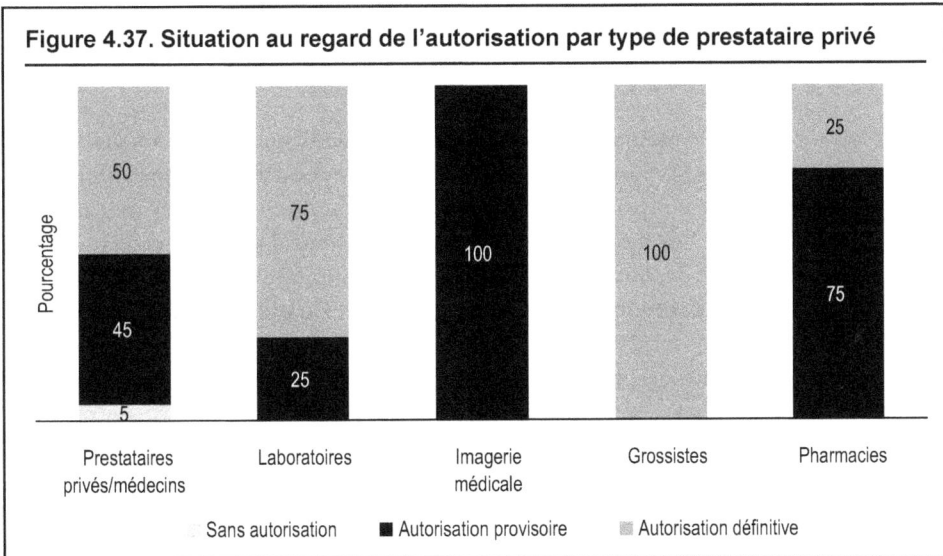

Figure 4.37. Situation au regard de l'autorisation par type de prestataire privé

Source : auteurs.

Dans l'échantillon de la présente enquête, 5 % des prestataires privés de la santé travaillent sans autorisation officielle d'exercer. Un très grand pourcentage de prestataires travaille sous autorisation provisoire : jusqu'à 75 % des pharmaciens et 100 % des centres d'imagerie médicale, et même 45 % des prestataires médicaux et 25 % des laboratoires d'analyses. Seuls les grossistes interrogés, qui sont tous munis d'une autorisation définitive, représentent l'exception.

Ces observations sont également confirmées pour l'ensemble des structures privées de santé recensées en 2010 par les DDS ; c'est à Brazzaville qu'une minorité de promoteurs dispose d'une autorisation définitive pour exercer leur profession. En effet, seuls quatre promoteurs sur dix à Brazzaville et six promoteurs sur dix à Pointe-Noire sont en règle concernant l'autorisation d'exercer. La figure 4.38 indique la situation administrative des promoteurs à Brazzaville et à Pointe-Noire.

Figure 4.38. Promoteurs munis d'une autorisation provisoire ou définitive à Brazzaville et Pointe-Noire

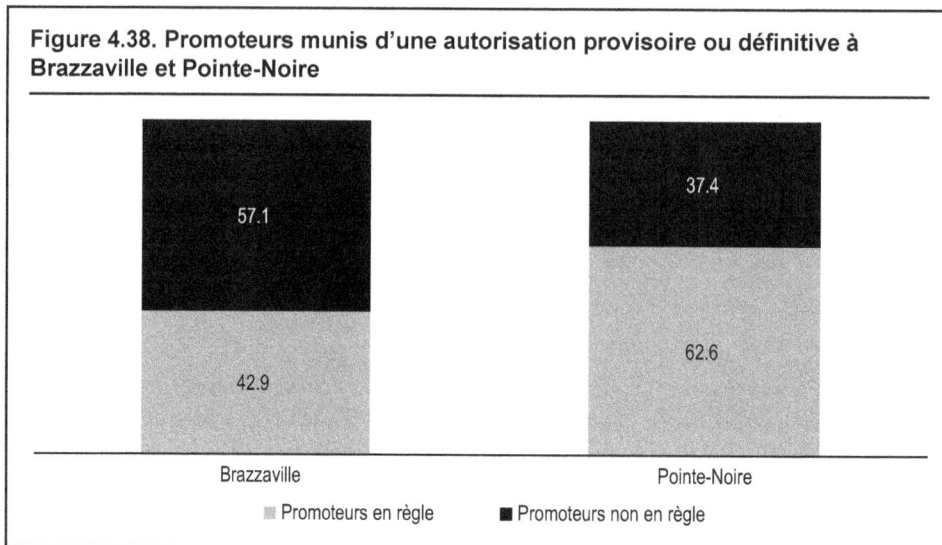

Source : auteurs.

La lourdeur et les lenteurs administratives ainsi que le manque de moyens financiers sont les problèmes les plus courants lors du processus d'obtention de l'autorisation d'exercer. Selon un des informateurs interviewés par l'étude, « Les problèmes de lourdeur existent et ils sont très pesants ; en fait c'est un problème de mentalité, d'absence de conscience professionnelle, de manque de rigueur et d'impunité nationale qui se fait remarquablement sentir parmi les responsables du MSP ». De plus, les structures munies d'une autorisation provisoire de plus de deux ans ne sont pas pénalisées. Une grande proportion des autorisations provisoires remontent à plus d'une année (procédure normale) et certaines à 10 ans. Aussi, dans le secteur associatif, de nombreux centres fonctionnent depuis des années avec autorisation provisoire d'exercer. Faute d'inspection et de décision du MSP il y a donc le « non permis autorisé » ; le secteur à but non lucratif est demandeur d'une réglementation accrue « car tout le monde gagnerait en respectant les règles ». Il est évident que la mise en œuvre de la procédure pose un problème. Une procédure inefficace risque d'engendrer en effet le développement d'un circuit illégal et le non respect d'autres réglementations dans un environnement perçu comme « permissif ».

Les raisons de cette inefficacité sont multiples. D'une part, c'est le promoteur qui doit prendre l'initiative de demander l'autorisation définitive, mais l'absence d'autorisation définitive étant « autorisée », puisqu'il n'y a ni sanctions, ni risque de sanction si on n'est pas en règle (par exemple il n'existe pas de politique de tarifs différenciés entre établissements exerçant avec une autorisation provisoire ou définitive), le promoteur n'est pas motivé pour entreprendre cette démarche qu'il perçoit comme un fardeau. D'autre part, c'est le MSP qui doit s'assurer que les structures privées sont en règle. Cependant, le département responsable au MSP semble manquer de moyens (et de motivation ?) pour faire efficacement respecter les procédures légales.

PROCÉDURE AUPRÈS DU CFE

Le processus d'autorisation par le CFE démarre à la suite de l'autorisation provisoire du MSP. Les prestataires de services de santé sont contraints de payer deux fois : tout d'abord les frais d'obtention de l'autorisation provisoire d'exercer dans le secteur de la santé auprès du MSP, puis les frais liés à l'obtention de l'autorisation définitive au CFE (après acceptation du dossier par le MSP). Cependant, le CFE n'est pas habilité à faire respecter l'obligation de paiement de ces frais par les prestataires (la police administrative est chargée de veiller au paiement sur le terrain).

La procédure du CFE utilise le concept du guichet unique selon lequel les prestataires peuvent effectuer en un seul lieu, avec un seul formulaire, un seul règlement en moins d'une heure, toutes les démarches liées à la création, au transfert, à l'extension, à la modification et à la cessation d'activité. Le CFE confirme qu'il serait possible que le MSP utilise le même guichet pour les démarches à effectuer auprès de ses services, si ceci était perçu comme utile.

Assurance qualité

Les mécanismes permettant d'assurer la qualité des prestataires de santé privés sont insuffisamment développés. Cependant, il existe bon nombre de possibilités pour renforcer l'assurance qualité. Par exemple, la procédure d'autorisation pourrait être liée à une procédure d'accréditation (de l'établissement et des professionnels) qui amènerait les promoteurs à maintenir et à améliorer de façon continue la qualité des services offerts.

De même, les activités de supervision, de coaching, de formation continue et d'inspection n'ont pas lieu de façon régulière et cohérente. Selon plusieurs informateurs interviewés, le manque de supervision efficace s'explique principalement, entre autres, par les capacités limitées des directions ou unités concernées aux niveaux central (MSP) et décentralisé (DDS) vis-à-vis d'un secteur qui connaît une croissance rapide mais peu organisée, ainsi que par un manque de motivation. Cependant, le MSP n'est pas le seul acteur responsable de la qualité et de l'éthique au sein du secteur privé de la santé. Trois autres acteurs majeurs sont les ordres nationaux, les syndicats et le secteur privé lui-même (sa structuration, son autoréglementation).

Ordres nationaux

Les ordres nationaux ont pour fonction première d'assurer le suivi des normes de déontologie dans la pratique des professions de la santé.

L'ONP semble le plus performant des ordres nationaux en termes de couverture (il regroupe tous les pharmaciens du pays) et le plus respecté par ses membres.

L'Ordre national des médecins (ONM) ne regroupe, en majorité, que des médecins privés (la loi exigeant que les médecins exerçant en libéral soient membres). En effet, 350 médecins seulement (dont 200 à Brazzaville) sont membres de l'ONM (sur un total estimé à plus de 800). La plupart des médecins du secteur privé ne sont pas membres de l'ONM (la loi ne les y oblige pas et la valeur ajoutée de la cotisation annuelle[31] est probablement perçue comme limitée). En toute logique, l'ONM milite pour que l'inscription dans ses rangs soit obligatoire pour exercer la médecine dans le secteur public ou privé.

Structuration associative du secteur privé de la santé

Il n'existe pas encore de plateforme ni d'association pour représenter l'ensemble du secteur privé de la santé et la plupart des sous-secteurs de ce secteur privé ne disposent pas d'une voix collective pour exprimer leurs intérêts. En conséquence, il n'existe pas d'interlocuteur principal représentant le secteur privé de la santé dans son ensemble avec qui le MSP pourrait communiquer directement. De plus, ce secteur n'a pas élaboré de mesures pour s'autoréguler sur les questions de qualité des prestations.

Chaque groupe de prestataires, dans ses contacts avec le gouvernement, nécessite un (ou plusieurs) représentant(s) qui maintient un contact régulier, fait du lobbying, défend leurs intérêts, transmet les informations du gouvernement au groupe de prestataires, etc. Cependant, seuls les pharmaciens disposent d'un cadre formel de représentation auprès du MSP. Ils sont représentés par le SYNAPHAC, syndicat professionnel le plus organisé et le plus actif. Ces sous-groupes jouent un rôle important dans certaines activités telles que la révision de la législation concernant les pharmacies privées, le plaidoyer continu pour améliorer certaines politiques comme celle relative aux produits génériques, et dans le cadre de l'initiative avec une banque commerciale pour assurer l'accès au crédit. L'un des résultats importants de ces activités est la mise à jour régulière de la tarification des produits pharmaceutiques, qui est standardisée à travers le secteur et respectée.

La question se pose de savoir si le SYNAPHAC pourrait aussi être le représentant officiel des grossistes et des laboratoires. Une autre question se pose également de savoir si les médecins pourraient avoir une (des) structure(s) comparable(s) à celle(s) des pharmaciens. Aussi, le rôle et la fonctionnalité de l'ONM mériteraient d'être revus/renforcés. En fin de compte, il n'existe pas de structure associative globale pour l'ensemble des acteurs privés à but non lucratif.

Les différents représentants par type de prestations sont présentés dans le tableau 4.8.

Fiscalité

Tous les établissements privés, y compris non lucratifs, sont considérés comme des établissements commerciaux et sont donc soumis aux taxes et impôts comme toute entité commerciale. C'est une spécificité du Congo, plutôt exceptionnelle dans le secteur de

Tableau 4.8. Entité représentante par type de structure privée

Type de structure	Entité représentante	Remarques
Prestataires de soins	Aucun cadre formel	• Rôle pour l'ONM ? Syndicat ? • Les médecins ne sont pas tous membres de l'ONM • Rôle pour les réseaux catholiques et protestants ?
Laboratoires	Aucun cadre formel	• Rôle pour l'ONP ? • Tous les pharmaciens biologistes sont membres de l'ONP
Grossistes	Aucun cadre formel	• Tous les pharmaciens sont membres de l'ONP
Pharmacies	SYNAPHAC	• Syndicat national des pharmaciens du Congo (SYNAPHAC) • Association des pharmaciens du Congo (ASPHAC) • Tous les pharmaciens sont inscrits à l'ONP
Tradithérapeutes	Fédération nationale (à créer)	• 3 Fédérations départementales • Union nationale des tradithérapeutes congolais (n'est plus fonctionnelle)

Source : auteurs.

la santé en Afrique (voir le chapitre 2 pour l'enregistrement de toutes les entités commerciales auprès du CFE et pour la présentation des taxes et impôts). Il est difficile d'argumenter que la santé, mais aussi l'éducation, sont des activités commerciales (en fait les prestataires privés s'y opposent), mais la réglementation existe et « les concernés ne veulent pas se plier à la fiscalité »[32] ; or le CFE considère que c'est un « faux débat » car dès qu'il y a facturation, « il faut qu'il y ait des taxes car ce sont des revenus de l'État ».

Tous les groupes de prestataires se plaignent de la lourdeur des impôts et taxes sur leur chiffre d'affaires. Le fait que les structures privées de santé sont traitées comme des entités commerciales pose le risque d'augmentation du prix de vente des services et produits de santé privés. Le secteur à but non lucratif paie les taxes tout comme le secteur lucratif mais il revendique que l'État devrait le traiter de la même façon que le secteur public car « il fait du social ».

Relations avec l'effort de promotion du secteur privé dans l'économie congolaise

Le secteur privé de la santé n'a pas encore été inclus dans les structures et activités du MDIPSP, qui sont détaillées au chapitre 2. Néanmoins, un représentant du MDIPSP a participé au second atelier organisé dans le cadre de cette étude et il a exprimé son intérêt pour une collaboration avec le secteur de la santé.

Relations contractuelles entre les secteurs public et privé

Le terme « partenariat public-privé », ou « PPP », est souvent utilisé pour englober toutes les relations contractuelles entre les secteurs public et privé. Ces derniers entretiennent peu de relations officielles, et très peu d'exemples de PPP sont constatés dans le domaine de la santé au Congo (voir figure 4.37). Pourtant, tous les types d'acteurs privés de la santé ont exprimé un intérêt pour le développement de PPP.

Une forme de partenariat est la bi-appartenance. Bon nombre de prestataires de soins privés (surtout les médecins spécialistes) associent leur travail privé à un emploi public. Un tiers des responsables des structures privées ayant fait l'objet d'enquêtes dans la présente étude exerce également dans le secteur public. La raison évoquée le plus souvent pour exercer dans le secteur privé est l'aspiration à l'autonomie, qui dépasse l'aspect générateur de revenus.

Un partenariat classique dans la région subsaharienne est celui qui existe entre le gouvernement (MSP) et le secteur à but non lucratif, quand ce dernier joue un rôle important dans la fourniture de services essentiels de santé ou lorsqu'il est impliqué dans la formation des cadres paramédicaux. Cependant, ce genre de partenariat est peu répandu au Congo et encore moins formalisé.

Le tableau 4.9 présente les différents types d'interaction entre les secteurs public et privé.

Quelques exemples de PPP concernant des services spécifiques ont été cités lors des enquêtes de la présente étude. La COMEG est une forme de partenariat. La COMEG est une association de distribution de produits pharmaceutiques à but non lucratif créée par l'État, les confessionnels et les partenaires de développement. Les clients de la COMEG sont essentiellement les structures publiques de soins et les structures privées à but non lucratif, telles que les ONG et les confessions religieuses munies d'une attestation (ou de tout autre document) délivrée par le MSP. Elle devrait aussi approvisionner les structures pharmaceutiques privées en médicaments de première nécessité (pour plus de détails, voir le chapitre 4).

Tableau 4.9. Types d'interaction entre les secteurs public et privé, par type de structure privée

Interaction entre les secteurs public et privé	Prestataire				
	Prestataires de soins	Laboratoires	Pharmaciens	Grossistes	Tradi-thérapeutes
Ouverture/enregistrement	100%	100%	100%	100%	Non
Suivi régulier/annuel	65%	Variable[a]	Variable[b]	Annuel	Non
Contractualisation informelle	15%	Non	Non	Non	Non
Contractualisation formelle	10%	n.d.[c]	Non	Non	Non
Arrangement avec un autre prestataire	50% (privé) 10% (public)	Informel avec des prestataires	Informel avec les grossistes	Informel avec les pharmacies	Non
PPP	4 plus exemples	Non	Non	Non	Non
Travail comme prestataire du public et du privé	20%	Non	Non	Non	Non
Demandeur de PPP	Oui	Oui	Oui	Oui	Oui

Source : auteurs

[a] Les visites des services de la Direction des pharmaciens, des laboratoires et du médicament sont assez régulières et celles de l'inspection moins régulières au niveau des pharmacies, des grossistes répartiteurs et des laboratoires d'analyses biomédicales.

[b] Ibid.

[c] « n.d. » signifie non disponible.

« Les gestes qui sauvent » est une initiative nationale de communication en faveur de la survie des enfants de 0 à 5 ans, dans le cadre d'un partenariat entre le MSP, le Fonds des Nations Unies pour l'enfance (UNICEF) et le secteur privé. Elle vise à faire acquérir aux mères et aux jeunes filles en âge de procréer la connaissance de gestes simples, peu coûteux et faciles à pratiquer à la maison, pour prévenir ou traiter les problèmes de santé qui affectent surtout les enfants. Les partenaires privés comprennent le WARID-CONGO S.A, Burotop et des confessions religieuses. Cette initiative couvre les 12 départements du pays. Le secteur associatif a eu accès à des formations organisées par l'UNICEF et il a participé à un comité national pour l'élaboration de documents relatifs à cette initiative.

Cependant, la plupart des initiatives qui font intervenir une participation du public-privé ne sont pas formalisées par un contrat écrit mais plutôt ad hoc et elles ne concernent que quelques structures privées individuelles. Parmi les exemples, on compte des « accords » concernant les références, les vaccinations, le traitement du VIH/sida, la santé de la reproduction ou les soins spécialisés. Par exemple, un projet à l'étude de PPP avec *Netcare* pour l'hémodialyse à Pointe-Noire concerne l'utilisation par le secteur public d'équipements de dialyse et un cabinet d'ophtalmologie très moderne de *Netcare*.

Les initiatives sont modestes, encore au stade de l'expérimentation et non encore institutionnalisées. De plus, le secteur public semble manquer de confiance vis-à-vis du secteur privé, qu'il trouve « peu organisé » et peu respectueux des normes. Par exemple, concernant la santé de la reproduction, le MSP confirme que « Le Ministère fait déjà des choses avec le privé comme avec les confessionnels mais avant tout, le privé doit s'organiser et répondre aux normes tant du point de vue des qualifications que du point de vue de la conduite à tenir, comme pour la Gestion active de la troisième période de l'accouchement. Le problème avec le privé, c'est qu'ils ne respectent pas les normes concernant la prise en charge et font souvent ce qu'ils veulent. »

Synthèse et conclusions

L'analyse institutionnelle a dégagé les résultats et les conclusions suivants :

- Les structures de santé privées coopèrent avec toute une gamme d'autres institutions, aussi bien gouvernementales que privées.

- Le secteur à but non lucratif est confronté aux mêmes problèmes que le secteur à but lucratif, tels que la procédure laborieuse d'obtention de l'autorisation d'exercer, les lourdeurs administratives associées à ces procédures, l'importance des taxes et l'absence de PPP contractuel.

- En général, la réglementation concernant le secteur privé de la santé n'est pas appliquée efficacement et il en va de même pour le processus d'obtention des autorisations d'exercer. La procédure étant laborieuse, un grand nombre de structures fonctionne uniquement avec une autorisation provisoire après une année d'exercice. D'après les données du recensement de 2010 du MSP, seuls 40% des promoteurs privés de Brazzaville et 60% de ceux de Pointe- Noire disposent de licences permanentes pour exercer.

- Les prestataires privés (surtout ceux à but non lucratif) considèrent que les impôts représentent une charge importante. Les prestataires privés de soins (lucratifs ou non lucratifs) sont considérés comme des entités commerciales (phénomène unique à certains pays africains) et doivent à ce titre s'acquitter des taxes et impôts commerciaux.

- Les prestataires privés lucratifs sont peu organisés (sauf dans le cas du secteur pharmaceutique), ce qui signifie que leurs opinions rencontrent généralement peu d'échos. Concernant les prestataires confessionnels, il n'existe qu'une seule structure associative (l'Action médico-sociale catholique du Congo) qui ne représente que les catholiques.

- Les mécanismes prévus pour assurer la qualité des prestataires privés de la santé sont peu développés, mais il existe des opportunités de renforcer l'assurance qualité (par exemple l'accréditation, la supervision, le coaching, la formation continue et l'inspection).

- Les initiatives récentes (telles que celles du Ministère du développement Industriel et de la promotion du secteur privé et quelques exemples de PPP) présentent de réelles opportunités pour le secteur privé et pour l'appui à la mise en œuvre des réformes qui ont été identifiées lors des ateliers d'engagement.

Conclusions sur l'offre et la demande

Le recours à des sources privées de soins représente entre un tiers et la moitié de l'utilisation totale de la médecine moderne, une proportion qui pourrait encore augmenter si la qualité des soins offerts par ce secteur s'améliore. Il est davantage focalisé sur l'ambulatoire que sur l'hospitalisation et joue donc un rôle important pour la prise en charge des soins de santé primaires. Ceci concerne aussi bien le secteur associatif que le secteur à but lucratif. Selon l'Enquête congolaise auprès des ménages (ECOM), le secteur public prend en charge 44 % de la demande et le secteur privé 56 % (prestataires de soins privés 31 %, pharmacie 10 %, tradithérapeutes 9 %, secteur associatif 4 % et autres 2 %).

La qualité des services offerts par les prestataires privés dépend de la qualité de la formation de base et continue et de la couverture appropriée des besoins en ressources humaines. Cependant la qualité de la formation de base dans les écoles paramédicales, et même au niveau de l'université, n'est pas suffisante et l'estimation des besoins en ressources humaines ne tient pas compte des besoins du secteur privé. De plus, le secteur privé (lucratif et associatif) n'a pas le droit d'ouvrir des écoles et n'a pas accès à la formation continue assurée par l'État. Ceci pose un problème et ne permet pas au secteur privé de pouvoir améliorer lui-même la qualité des soins offerts par ses structures (d'autres problèmes y contribuant sont le manque d'information et la faible structuration du secteur).

Le secteur pharmaceutique est le sous-secteur le mieux organisé. L'ONP, qui couvre tous les pharmaciens, est bien organisé et respecté ; le SYNAPHAC est très actif et il entretient un dialogue avec le Ministère (par exemple pour revoir la loi pharmaceutique) ; et les tarifs des médicaments sont standardisés. En revanche, l'ONM représente moins de la moitié d'entre eux (il s'agit surtout de médecins privés), il n'existe pas de syndicat des médecins et les tarifs des soins varient considérablement. Le sous-secteur des tradithérapeutes s'organise de plus en plus par l'intermédiaire de la Confédération des tradipraticiens (dont la création est imminente), la politique de la médecine traditionnelle et le plan stratégique 2008-2012, récemment développés mais non encore adoptés par le Ministère de la santé.

Bien que les tarifs des médicaments soient standardisés à travers le pays (à quelques frais de transport près), les tarifs des soins, des tests de laboratoire et de l'imagerie médicale varient (parfois même beaucoup) sur le territoire congolais en fonction des différents types de structures et même au sein d'un même type de structure. Cette variation de prix est plus forte pour les soins peu coûteux que pour les soins plus chers tels que la césarienne. Il est évident que ceci pose un problème d'accessibilité financière pour les populations les plus démunies. Les réponses « trop cher » ou « pas d'argent » étaient de loin les plus fréquentes à la question, « Pourquoi n'avez-vous pas eu recours aux soins lorsque vous étiez malade ? ».

Le plus surprenant est que les prestataires privés sont appréciés pour leur prise en charge des plus pauvres (modalités et délais de paiement, ou exemption du paiement). Ceci pose parfois des problèmes pour l'équilibre financier de ces structures. Or, les pouvoirs publics n'ont pas de politique visant à utiliser le secteur privé dans la prise en charge des pauvres, ni de stratégies de financement ou de subvention pour la prise en charge de la population pauvre. La nouvelle initiative instaurant la gratuité pour certains soins tels que le traitement du paludisme chez les enfants de 0 à 14 ans et les femmes enceintes, ainsi que la césarienne, est bienvenue, mais il faudrait la développer dans un cadre plus large de prise en charge des frais importants de santé pour les pauvres (par exemple les frais les plus considérables pourraient être pris en charge par un fonds d'équité).

Au niveau du financement, il y a aussi le problème de l'accès aux crédits pour pouvoir établir ou développer une structure de santé. Tous les acteurs se plaignent d'un manque d'accès au crédit bancaire.

Les obstacles communs à une bonne performance du secteur privé au Congo sont multiples mais ils peuvent se résumer en quelques grands domaines comme suit :

Au niveau de l'organisation du secteur privé

Le secteur privé n'est pas suffisamment structuré.

- Il existe un manque de structuration du secteur privé en associations/syndicats professionnels pour la plupart des groupes de prestataires et l'absence d'une organisation représentative unique du secteur privé de la santé dans son ensemble.

Au niveau de la réglementation

La réglementation constitue un point faible.

- Les faiblesses et les oublis de la réglementation actuelle, le manque de connaissance de la réglementation des acteurs privés et la non application de la loi, aboutissent à une concurrence illégale, à l'établissement de circuits parallèles et à une moindre qualité des services offerts par les structures privées.
- Le secteur privé manque d'autoréglementation.
- La procédure d'enregistrement et d'ouverture est peu efficace et laisse un grand nombre de structures avec une autorisation provisoire pendant plus d'une année.
- L'absence de système d'accréditation des structures de santé et des professionnels de la santé entraîne de très grandes variations dans la qualité des soins offerts.
- La loi n'autorise pas le secteur privé à ouvrir et gérer des écoles privées formant aux métiers de la santé.

Au niveau de la politique/gouvernance

L'encadrement politique ainsi que la coordination et la coopération sur les actions à mener par rapport au secteur privé de la santé sont inadéquats.

- La politique de santé publique et les plans stratégiques n'encouragent pas le partenariat avec le secteur privé associatif et lucratif en vue d'atteindre les objectifs sanitaires et les OMD.
- Le secteur pharmaceutique ne bénéficie pas d'une véritable politique de produits génériques à un prix abordable afin de faciliter l'accès au médicament.
- La rivalité avec les autres groupes de prestataires publics et privés est perçue comme un problème sérieux par les tradithérapeutes.
- Les informations sur l'existence, les activités et la performance des acteurs privés de la santé sont très limitées et, dans la mesure où elles existent, ne sont pas mises à jour régulièrement.
- Le manque de coordination entre les différents ministères qui sont en relation avec le secteur privé de la santé fait obstacle à une gestion performante de l'activité privée.

Au niveau de la performance/qualité

L'aspect qualité n'est pas une préoccupation majeure.

- Il y a un manque d'incitations à la performance et au maintien de la qualité des services offerts.

- Il y a également un manque d'incitations à l'installation dans des régions enclavées où l'offre de services de santé est insuffisante, notamment pour ce qui est des prestataires privés et des pharmacies.
- Il y a en outre un manque de contrôle, d'encadrement, d'appui technique (y compris la formation) et de subventions par l'État/MSP.
- L'accès à la formation continue organisée par le secteur public est absent.
- La qualité du personnel paramédical sortant des écoles paramédicales publiques est insuffisante.
- Les infrastructures publiques (eau, électricité, communications et transport) ne sont pas adéquates.
- Il existe peu d'initiatives de PPP dans le domaine de l'offre de services et de produits.

Au niveau du financement et de l'accès au crédit

L'inadéquation des financements et des capacités de gestion financière freinent le développement du secteur privé.

- L'absence de financement de la demande (par exemple chèques santé) et d'assurance maladie nationale limite l'accès aux services et produits de santé, surtout parmi les populations les plus pauvres.
- Les charges administratives et financières lourdes (posant des problèmes pour un certain nombre de pharmacies), exigées par plusieurs ministères (commerce, finances, travail), aussi bien au moment de l'ouverture que pendant la gestion continue d'une activité, risquent de conduire à l'augmentation du prix de vente des services et produits de santé privés.
- L'accès difficile ou inexistant au crédit bancaire pour assurer le capital de départ ou pour financer le développement des activités limite la volonté des professionnels de la santé d'investir dans le développement du secteur privé ou de prendre le risque de s'installer en milieu rural.
- Les faibles compétences de gestion financière des acteurs privés entravent le fonctionnement efficace et efficient des structures et les possibilités de mobiliser des investissements pour élargir leurs activités.
- Il y a un manque de dispositifs permettant de cibler les subventions pour favoriser l'accès des pauvres aux soins (manque de politique nationale pour financer la santé et cibler les pauvres).

5. Options pour l'action 2011 à 2013

Un atelier de validation des résultats de cette étude et d'établissement d'un plan d'action a été organisé les 15 et 16 décembre 2010 à Brazzaville. Cet atelier a réuni des représentants du secteur privé à but lucratif, du secteur privé à but non lucratif, du secteur public (Ministères de la santé, du commerce, du développement Industriel et de la promotion du secteur privé, de l'enseignement technique et professionnel), des représentants du Sénat et de l'Assemblée nationale, des COSA, de la société civile, de la Banque mondiale, de l'IFC, de l'OMS, du FNUAP, de l'Ambassade de France, ainsi que des consultants nationaux et internationaux (HERA et R4D).

Cet atelier avait pour principaux objectifs de :

- Décider des actions à entreprendre en se basant sur l'étude
- Notamment :
  - Revoir les résultats de l'étude ;
  - Revoir les recommandations du deuxième atelier mené dans le cadre de l'étude en octobre 2010 ;
  - Revoir les stratégies développées depuis octobre 2010 ;
  - Développer des actions concrètes pour mettre en œuvre les recommandations ; et
  - Présenter le plan d'action au Ministre, au secteur privé et aux partenaires techniques et financiers.

Ce troisième atelier a été présidé par le Dr Bakala, Directeur du suivi et de l'évaluation au sein du Ministère de la santé et de la population. Il a réuni quatre-vingt-onze participants (dont une vingtaine de journalistes) issus de toutes les parties prenantes des secteurs public et privé, parmi lesquels la plupart étaient présents au deuxième atelier.

Après les différentes présentations et discussions en plénière, les groupes de travail ont réussi à établir les priorités du plan d'action, à le spécifier et le valider, grâce aux efforts conjoints et intenses de tous les participants. L'atelier a été clôturé par le Ministre de la santé qui a confirmé que tous les partenaires présents devraient respecter le plan d'action établi à l'occasion de l'atelier. (Voir l'annexe H pour le plan d'action). Les principaux axes du plan d'action sont les suivants :

Actions concernant la politique et la gouvernance

Les actions dégagées concernant la politique et la gouvernance sont les suivantes :

- Créer une plateforme formelle et permanente de dialogue sectoriel public et privé (avec également des liens avec le Haut Conseil du dialogue public/privé) ;
- Renforcer l'implication du secteur privé de la santé dans les organes du PDSS et dans les commissions techniques mises en place par le ministère (par exemple concernant la gratuité de la césarienne, les SONU, la révision des textes, et autres) ;
- Renforcer la structure du secteur privé de la santé par la création d'une Alliance du secteur privé de la santé (Alliance SPS) ;
- Développer un cadre stratégique pour le secteur privé de la santé dans le contexte de la Politique nationale de santé. Il comprend une note stratégique qui accompagne le plan d'action ainsi que la création et la mise à jour régulière d'un répertoire des structures et des acteurs du secteur privé.

Actions concernant la régulation/réglementation

Les actions dégagées concernant la régulation et la réglementation sont les suivantes :

- Recenser, actualiser et vulgariser tous les textes législatifs et réglementaires qui régissent le secteur privé de la santé. Ceci implique la création d'une Commission conjointe public-privé de révision de tous les textes ;
- Renforcer la mise en œuvre effective du cadre réglementaire à travers a) le renforcement des capacités institutionnelles du MSP à faire appliquer la régulation

et la réglementation ; *b*) le développement et le renforcement des capacités d'autorégulation du secteur privé ; et *c*) le renforcement des mécanismes de détection des activités et des produits illicites ainsi qu'un système punitif.

Actions concernant les mesures incitatives

Les actions dégagées concernant les mesures incitatives sont les suivantes :

- Augmenter l'accès du secteur privé de la santé au financement bancaire/fonds de garantie par *a*) la création d'un fonds de garantie pour le secteur privé de la santé ; *b*) la création par l'État d'un fonds de soutien à l'initiative privée du secteur de la santé, par l'État ; *c*) le renforcement des capacités des opérateurs privés à préparer des projets bancables ; et *d*) l'encouragement des banques pour l'octroi de crédit au secteur privé de la santé ;
- Alléger les taxes, entre autres : *a*) alléger ou supprimer les taxes pour l'exercice privé des métiers de la santé en milieu rural ; *b*) supprimer les taxes sur les produits génériques, les intrants et matières premières destinées à la production pharmaceutique locale ; et *c*) mettre en place un accord/octroi de crédit d'impôts à l'installation (voir code des investissements) ;
- Renforcer les capacités en gestion et administration du secteur privé de la santé.

Actions concrètes sur les PPP dans le domaine de la santé

Les actions dégagées concernant les PPP sont les suivantes :

- Mettre en place un comité technique public/privé sur l'opérationnalisation et le suivi des PPP (comité ad hoc rattaché à la plateforme de dialogue public-privé) et développer un mécanisme de mise en œuvre et de suivi des PPP ;
- Opérationnaliser les PPP sur les programmes de santé publique subventionnés (par exemple les programmes existants sur le VIH/sida, paludisme, vaccinations) ;
- Développer des PPP sur les SONU c'est-à-dire, élaborer le plan de renforcement des SONU en définissant les PPP et en mettant en œuvre le plan ; définir les modalités de la gratuité de la césarienne à travers les réseaux public et privé et mettre en œuvre le plan de gratuité ;
- Développer des PPP sur la formation initiale et continue. Ceci implique entre autres de permettre aux étudiants des écoles publiques d'effectuer leur stage dans des structures privées ; d'inviter des prestataires du secteur privé à enseigner dans les structures publiques de formation ; et d'inviter les prestataires du secteur privé à participer aux formations continues organisées par le secteur public (création d'une commission technique privée de formation continue, comme sous-commission de l'Alliance SPS) ;
- Développer les stratégies de subvention de la demande dans les secteurs publics et privés après analyse des possibilités et de la faisabilité d'introduire ou de renforcer des stratégies telles que l'assurance maladie, les mutuelles de santé, les chèques santé et autres, ceci faisant partie d'un développement plus global des stratégies de financement du secteur public et privé.

Notes

1. Répertoires actualisés en 2009 et 2010 des formations sanitaires privées de dispensation des soins ayant une autorisation provisoire ou définitive, Direction des services sanitaires, Ministère de la santé et de la population.

2. Réalisée par le Ministère de l'économie, du plan, de l'aménagement du territoire et de l'intégration, Nouveau partenariat pour le développement de l'Afrique, Centre national de la statistique et des études économiques, Brazzaville, et ORC Macro, Calverton, Maryland, juillet 2006.

3. Complétée par le Ministère de la santé et de la population.

4. Dans le présent rapport, le concept de secteur privé est utilisé pour décrire le secteur lucratif et le secteur non lucratif. Le secteur lucratif ou libéral désigne les prestataires privés à but lucratif, tandis que le secteur non lucratif ou associatif désigne les prestataires privés tels que les ONG, les associations et les confessions religieuses.

5. Décret n° 2008 318 du 5 août 2008 portant attributions et organisation de la Direction générale de la promotion du secteur privé.

6. Des données plus précises sur les profils et qualifications des agents de santé ne sont pas disponibles.

7. Les chiffres des dépenses de santé des administrations publiques (2008) sont des imputations, d'après les effectifs du secteur santé et social, rapport du FMI 04/231, p. 69, T. 17. Les chiffres des dépenses en santé des ménages proviennent de la CNSEE ECOM 2005. Les chiffres concernant les ressources externes sont issus de l'Organisation de coopération et de développement économiques CAO.

8. Les professions libérales de la santé (tous types de prestataires) ont été légalisées par le décret n° 88/430 du 6 juin 1988.

9. Les centres médico-sociaux (CMS) des entreprises peuvent faire partie du secteur privé à but lucratif ou à but non lucratif. La catégorisation de ces structures n'est pas disponible dans la carte sanitaire.

10. L'ASPHAC a été créée bien avant le SYNAPHAC et, en tant que premier espace de regroupement des pharmaciens privés, elle jouait également un rôle de syndicat. Avec la création du SYNAPHAC, elle a perdu de son importance, mais elle demeure active dans la mobilisation des pharmaciens sur des questions d'intérêt général ayant trait à la profession, y compris les pharmaciens de la fonction publique qui ne sont pas syndiqués.

11. Les répertoires récents des structures privées pour 2009 et 2010 ont été utiles pour l'étude, même s'ils ne sont pas tout à fait identiques.

12. Les données collectées par l'EDS concernant différents indicateurs de niveau socioéconomique des ménages sont analysées pour établir un indice de SSE. Les scores de l'indice servent à classer les ménages en quintiles.

13. La courtoisie, l'attention, le respect de l'ordre d'arrivée des clients, la facilité de consulter le médecin, la promptitude dans la réception et dans la prise en charge en cas d'urgence.

14. Les entretiens conduits dans le cadre de l'étude avec des prestataires privés ont confirmé la pratique de « modalités de paiement » flexibles pour les patients qui ont des difficultés à payer au moment des soins.

15. À Ouesso, les hommes qui vont souvent à la chasse en forêt ont recours aux herboristes, aux tradipraticiens et ils consomment eux-mêmes des herbes ou des écorces en cas d'incident en pleine forêt.

16. Le personnel des établissements publics se livre parfois à « des rackets ». Ce terme se réfère à une forme d'escroquerie de la part des prestataires publics qui exigent que les patients leur versent de l'argent qu'ils gardent pour eux au lieu de le verser dans la caisse de la structure.

17. « Pour le recrutement du personnel, ils prennent n'importe qui ». « Les stagiaires qui accomplissent des actes pour lesquels ils ne sont pas compétents ».

18. Les structures les plus fréquentées sont des maternités publiques et le C.H.U. (H. Makélékélé, Blanche-Gomez et H.Talangaï).

19. Il est à noter que les informations concernant les pharmaciens et les tradithérapeutes proviennent des groupes de discussion (et non des questionnaires longs), ce qui ne permet pas toujours le même détail d'analyse. Cette limite est reflétée dans certains tableaux.

20. La carte sanitaire de 2005 indique qu'il n'existe pas d'hôpital privé au Congo. Les « établissements hospitaliers » sont donc probablement des structures avec des lits, mais non classées par l'État comme étant des hôpitaux.

21. Les médicaments vérifiés dans le cadre de l'enquête sont les sachets de SRO, l'amoxicilline, le Cotrimoxazole, le paracétamol, les combinaisons thérapeutiques à base d'artémisinine (CTA), le fer et l'acide folique.

22. Un Mémorandum d'accord pour prestation de services d'achats , de stockage, de gestion et de distribution des produits du domaine pharmaceutique acquis sur financement du Fonds mondial et d'autres bailleurs. Frais de gestion de 3,5 % à 5 %.

23. Un contrat annuel non renouvelé en 2009 et 2010 pour la gestion des produits de santé de la reproduction acquis par le FNUAP, ainsi que l'organisation de toutes les formations afférentes.

24. Un contrat d'approvisionnement auprès de la COMEG sur financement de l'Union européenne tout comme un protocole d'accord pour l'approvisionnement en MEG de certaines CSS financées par l'Union européenne.

25. Une étude plus approfondie de cette problématique serait intéressante.

26. La moyenne déclarée est de 30 % avec, en particulier, une structure qui a enregistré un manque à gagner de 90 % suite à la faillite d'une société en liquidation financière. Exception faite de la structure ayant enregistré les 90 % suite à la faillite de son client, la moyenne du manque à gagner déclarée par les responsables concernant la prise en charge des personnes dans l'incapacité de payer est de 27 %.

27. Voir chapitre 4 : Analyse du cadre institutionnel pour les acteurs du secteur privé de la santé.

28. Un autre exemple concerne le secteur à but non lucratif Au niveau de chaque paroisse, il existe un projet d'ouverture des petits dépôts pharmaceutiques. Une demande à cet effet a été déposée au MSP il y a 4 ans et est restée sans réponse jusqu'à présent. Cette initiative aiderait grandement la population à obtenir des médicaments de qualité à bas prix.

29. Si un élément n'a pas été cité par un groupe de professionnels, ceci ne signifie pas que l'obstacle n'existe pas, mais qu'ils ne l'ont pas mentionné comme étant prioritaire.

30. L'étude n'ayant pu recueillir de données sur le nombre d'écoles « illégales », elle n'a pas d'informations sur l'ampleur de ce phénomène. L'étude a tenté d'organiser une interview avec le directeur d'une école paramédicale privée, mais il n'était « pas disponible ».

31. La cotisation unique s'élève à 80 000 FCFA, avec en sus une cotisation mensuelle régulière de 5 000 FCFA pour les spécialistes et de 2 500 FCFA pour les généralistes (source : Ordre national des médecins).

32. Selon les interviews, il s'agit plutôt des autres taxes liées au Ministère du commerce et non de la fiscalité.

Annexes

A. Approche méthodologique

B. Liste des documents pertinents collectés pendant les interviews avec les personnes clés

C. Résumé des analyses publiées par l'EDS 2005

D. Répartition des prestataires privés dans la carte sanitaire de 2005

E. Analyse du cadre juridique et des textes légaux

F. Processus d'obtention de l'autorisation d'exercer

G. Procédures et taxes du Centre de formalité des entreprises

H. Plan d'action préliminaire : décembre 2010

Annexe A. Approche méthodologique

La méthodologie de l'étude comprend les éléments suivants :

- Une analyse du cadre institutionnel (revue documentaire et entretiens guidés) ;
- Une analyse multidimensionnelle de l'offre (analyse des données existantes, collecte et analyse de données quantitatives et qualitatives auprès d'échantillons d'acteurs, entretiens interactifs et groupes de discussion) ;
- Une analyse multidimensionnelle de la demande (analyse de données quantitatives issues de l'Enquête démographique et de santé (EDS) 2005 et de l'Enquête congolaise auprès des ménages (ECOM) 2005 du Congo et discussions en « *focus groups* ») ;
- Trois ateliers d'engagement ayant permis de partager les constats et les conclusions de l'étude, de discuter des enjeux et d'élaborer de façon consensuelle un plan d'action sur trois ans; et
- Un comité de pilotage composé de représentants du secteur public, du secteur privé et des partenaires de développement, chargé de guider la réalisation de l'étude et des ateliers.

La collecte de données relatives à l'offre s'est concentrée sur les prestataires privés de services de santé et de produits et services connexes (pharmacies, laboratoires d'an alyses médicales, centres d'imagerie médicale) situés dans les deux centres urbains, Brazzaville et Pointe-Noire, et en milieu rural, dans la zone de Ouésso-Pokola.[1] Les données existantes sur la demande ont également été analysées en fonction des réponses données par les utilisateurs de services de santé et de produits et de services connexes à l'occasion de deux enquêtes nationales réalisées auprès des ménages (EDS 2005, ECOM 2005).

Analyse du cadre institutionnel

L'analyse du cadre institutionnel s'est fondée sur les interviews des informateurs clés conduites dans le cadre de la présente étude et sur l'examen de documents et de textes légaux. Bon nombre d'informateurs clés sollicités dans le cadre de cette analyse sont des cadres du Ministère de la santé. Des guides d'entretiens interactifs ont été utilisés pour les entretiens avec les responsables *a*) des Directions départementales de la santé ; *b*) des statistiques et de l'information sanitaire ; *c*) de la médecine traditionnelle ; *d*) des ressources humaines ; *e*) du secteur pharmaceutique ; et *f*) de la santé de la reproduction. Les guides d'entretiens comprenaient des questions sur la politique appliquée au secteur privé, les réglementations, les pratiques concrètes sur le terrain, les ressources disponibles pour le contrôle, la supervision et la réglementation des acteurs privés, ainsi que les suggestions des personnes interviewées pour améliorer les politiques et les pratiques sur le terrain. Des entretiens ont également été réalisés avec des représentants des acteurs privés de la santé.

L'interface entre le secteur public et le secteur privé de la santé ne se limite pas au MSP. Ainsi, la présente étude a également intégré la réalisation d'entretiens avec des informateurs clés issus d'autres ministères, tels que celui des finances (fiscalité), du dé-

---

1. Les prestataires privés incluent le secteur à but lucratif, le secteur à but non lucratif et le secteur de la médecine traditionnelle mais ne comprennent pas les professionnels dans les domaines de l'eau, de l'assainissement et de l'hygiène.

veloppement industriel et de la promotion du secteur privé (appui) et de l'enseignement technique et professionnel (formation). Le Ministère de l'économie forestière et le Ministère de l'agriculture ont été également sollicités pour des interviews en raison de leur expérience en matière de PPP. Lors de chaque interview, les textes, les analyses et autres documents pertinents pour l'étude ont été collectés (voir la liste des documents à l'annexe B).

La présente étude a permis d'identifier et d'analyser des PPP déjà existants ou en gestation dans le secteur de la santé et dans d'autres secteurs tels que celui des eaux et forêts et celui de l'agriculture.

Analyse multidimensionnelle de l'offre

L'offre de services privés de santé a été analysée sur la base : *a*) des données existantes (carte sanitaire, inventaire des prestataires privés) ; *b*) d'enquêtes auprès d'un échantillon d'acteurs dans les trois sites de l'étude (Brazzaville, Pointe-Noire et Ouesso-Pokola) ; *c*) d'entretiens interactifs avec des informateurs clés et un sous-échantillon des acteurs privés enquêtés ; et *d*) de groupes de discussion.

Une enquête au moyen d'un questionnaire court a été menée sur un échantillon de 63 prestataires de services de santé dans trois sites. Des entretiens interactifs et approfondis ont été effectués en utilisant un questionnaire long auprès d'un sous-échantillon composé de 20 acteurs parmi les 63 acteurs enquêtés selon le questionnaire court. L'échantillon a été établi à partir des données de la carte sanitaire de 2005 et des répertoires des formations sanitaires à Brazzaville et à Pointe-Noire, qui ont été réactualisés par les Directions départementales de la santé (DDS) en 2009 et 2010.

Le questionnaire court consiste en des questions fermées permettant une analyse quantitative. Les questionnaires longs ainsi que les interviews des informateurs clés et des groupes de discussion permettent de dégager des informations qualitatives.

Les entretiens avec les informateurs clés, les principaux prestataires de soins de services privés, les ordres professionnels et les représentants des prestataires à but non lucratif ont été menés à l'aide de guides d'entretiens.

Des groupes de discussion ont été organisés avec des pharmaciens, des responsables de laboratoires d'analyses médicales et de centres d'imagerie médicale, ainsi que des tradithérapeutes. Les questionnaires, guides d'entretiens et les groupes de discussion visaient à recueillir les informations suivantes :

- Les services offerts (consultations générales et spécialisées, examens de laboratoire, hospitalisations, procédures chirurgicales, accouchements, etc.) ;
- Le volume de services fournis ;
- Les intrants utilisés (ressources humaines, médicaments et produits consommables, équipements, pièces détachées et entretien) ;
- Les indicateurs de qualité structurelle (disponibilité des médicaments, du matériel de base, du personnel médical et technique, ainsi que d'aménagements éventuels en faveur des patients) ;
- Le degré d'intégration avec le secteur public (flux d'informations, échanges techniques, références, collaboration en matière de planification et d'élaboration de stratégies et programmes) ;
- Les contraintes internes aux acteurs (capacités de gestion, etc.) ;

- Les contraintes externes aux acteurs (procédures d'octroi des autorisations d'exercer, réglementation, fiscalité, accès au crédit bancaire, disponibilité, prix et autres facteurs liés à la fourniture d'intrants) ;
- Les PPP existants ou proposés (mutualisation du matériel, relations de référence et de contre-référence, contrats de services, etc.) ;
- Des propositions pour améliorer l'interaction public-privé.

Analyse multidimensionnelle de la demande

L'analyse de la demande en services de santé fournis par les acteurs privés a reposé sur : *a*) des analyses complémentaires des données issues de l'Enquête démographique et de santé (EDS) 2005 et de l'Enquête congolaise auprès des ménages (ECOM) 2005, et *b*) l'organisation de groupes de discussion dans les communautés situées dans les sites d'enquête.

L'EDS 2005 est une enquête d'envergure nationale menée auprès de 5 879 ménages. Elle comprend des questions sur le choix des prestataires de soins (public, privé lucratif, privé non lucratif) par les usagers. L'EDS s'est concentrée sur les soins prioritaires des enfants (liés à la fièvre et la toux) et des mères (consultations prénatales et accouchement), le planning familial, le traitement des infections sexuellement transmissibles (IST) ainsi que le dépistage et le traitement du VIH/sida. L'analyse des données recueillies par l'EDS a porté sur la ventilation de l'utilisation des services entre les différents secteurs (privé et public) et a mis en évidence l'importance relative des structures privées (par rapport aux structures publiques). En outre, l'analyse a présenté les choix de recours faits par les usagers en fonction de leur quintile socioéconomique et de leur lieu de résidence (rural ou urbain).

L'ECOM 2005 est une enquête d'envergure nationale menée auprès de 5 146 ménages, qui visait principalement à établir la ligne de pauvreté applicable au Congo. Elle comprenait des questions sur la consommation des ménages (y compris l'utilisation des services de santé) et sur les indicateurs de bien-être. L'ECOM posait, en particulier, des questions aux ménages sur leur décision de recourir ou non aux soins en cas de maladie, sur le choix de la source de soins et sur leurs raisons de ne pas recourir aux soins. L'ECOM permet de différencier les réponses aux questions en fonction du lieu de résidence (milieu urbain ou rural) et du statut de pauvreté (pauvres, non-pauvres) de la personne enquêtée.

Le travail des groupes de discussion organisés avec les communautés a permis de compléter l'analyse de l'EDS et de l'ECOM. Là où l'analyse des données de l'EDS et de l'ECOM a révélé les préférences de la population pour des structures spécifiques, les groupes de discussion ont mis en évidence le « pourquoi » de ces choix, notamment les facteurs qui favorisent ou qui entravent l'utilisation de différents types de prestataires, tels que la distance, le coût, la perception de la qualité, la disponibilité des médicaments, l'accueil et la disponibilité du personnel. Des réunions de discussion ont été organisées à Brazzaville et à Pointe-Noire avec les groupes suivants : *a*) chefs de famille (hommes) et *b*) femmes en âge de procréer, ces deux groupes ayant été mis en place en collaboration avec les Comités de santé (COSA) ; et *c*) tradithérapeutes. Concernant les groupes de discussion composés d'hommes chefs de ménage, les animateurs ont posé des questions sur le choix des prestataires lors du recours aux soins de santé au cours de l'année 2010, suivies d'autres questions ayant trait aux facteurs influençant les choix et à l'appréciation des points forts et faibles du secteur public, privé lucratif et privé non lucratif. En ce qui concerne les groupes de discussion composés de femmes, les animateurs ont posé des questions sur le choix des prestataires pour les services prénataux, les accouchements et les soins infantiles, ainsi que des questions concernant les facteurs qui motivent les choix et l'appréciation des points forts et faibles des secteurs public et privé.

Limites de l'étude

L'étude apporte des informations essentielles sur le rôle joué par le secteur privé dans le domaine de la santé et sa place dans l'offre de services. Néanmoins, les données provenant de l'étude comportent certaines limites. Une partie des informations (par exemple les résultats des entretiens et des groupes de discussion) est constituée de données qualitatives dont l'analyse peut parfois comporter une certaine subjectivité.

La collecte de données quantitatives sur les acteurs privés à Brazzaville, Pointe-Noire et Ouésso-Pokolo a été réalisée à partir des informations de la carte sanitaire et des inventaires de 2009 et 2010[2] réalisés par les DDS de Brazzaville et de Pointe-Noire. Au moment où les activités de collecte de données ont été entreprises pour cette étude, de nombreuses structures retenues sur la base de la carte sanitaire de 2005 n'étaient plus fonctionnelles. Les enquêteurs ont donc été obligés de remplacer les structures initialement visées par l'échantillonnage, ce qui a rendu l'échantillon moins aléatoire qu'anticipé.

Il convient également de noter que les prestataires soumis à l'enquête ont fait part des opinions et des informations qu'ils étaient prêts à divulguer. Les informations relatives à certains aspects de leur travail (tels que le volume d'activités, le volume financier, les tarifs) étant sensibles et susceptibles d'être surestimées ou sous-estimées, les opinions, bien que pertinentes, ne sont pas toujours fondées sur des données objectives.

Les données de l'EDS 2005 analysées par la présente étude proviennent d'une enquête représentative auprès des ménages au plan national. Cependant, l'EDS concerne uniquement les services de santé utilisés par les ménages pour la santé de la reproduction et la santé maternelle, les infections sexuellement transmissibles (IST) et les maladies infantiles les plus fréquentes. Elles excluent donc le recours aux soins pour toutes les autres maladies et par d'autres groupes de la population.

L'ECOM 2005 comble une partie des lacunes de l'EDS. En effet, cette enquête comprend des données sur l'utilisation des services de santé et le choix des prestataires quelle que soit la maladie, ce qui constitue malgré tout une limite car elles ne permettent pas d'identifier les types de maladies soignées par les différents prestataires, ni ne tiennent compte du degré de gravité des maladies.

---

2. Les répertoires récents des structures privées pour 2009 et 2010 ont été utiles pour l'étude, même s'ils ne sont pas tout à fait identiques.

Annexe B. Liste des documents pertinents collectés pendant les interviews avec les personnes clés

Liste des documents pertinents

Centre de formalité des entreprises, Ministère des finances

- Formulaire de déclaration, modification, renouvellement, cessation de sociétés ou d'activités pour un particulier (Guichet unique)
- Procédure de demande d'autorisation d'exercice de la profession de commerçant pour les personnes physiques
- Procédure de demande d'autorisation d'exercice de la profession de commerçant pour les personnes morales
- Tarification des frais de création d'une entreprise individuelle, ou une société
- Formes juridiques de sociétés commerciales au Congo

Confédération des tradithérapeutes

- Politique nationale de médecine traditionnelle — Ministère de la santé — avril 2006
- Plan national de développement de la médecine traditionnelle congolaise – Ministère de la santé — 2008–2012
- Projet de décret fixant l'exercice de la médecine traditionnelle
- Session de formation des tradipraticiens du département de la Sangha — Ouesso tenue du 15 au 17 avril 2009 — OMS
  - Cadre d'homologation des médicaments issus de la pharmacopée traditionnelle
  - Renforcement des capacités des tradipraticiens
- Procès-verbal de l'Assemblée générale des tradipraticiens de Brazzaville tenue le 26 septembre 2007
- Code de déontologie de tradipraticiens du Congo (en partenariat avec l'OMS), septembre 2006
- Règlement intérieur de la Fédération des tradipraticiens — 26 septembre 2007
- Statut de la Fédération des tradipraticiens du département de Brazzaville — 26 septembre 2007
- Recensement des tradipraticiens effectué en novembre 2008
- Programme d'activités du BED (Bureau exécutif départemental) Brazzaville
- Aperçu d'une voie fédérale des tradipraticiens du département de Brazzaville par Gilbert Mouanda

Directeur des services sanitaires (DSS)

- Décret 88/430 du 6 juin 1988

Ministère de l'enseignement technique

- Décret n° 99-281 du 31 décembre 1999 portant rectificatif au décret n° 96-221 du 13 mai 1996 portant réglementation de l'exercice privé de l'enseignement

Ministère du développement industriel et de la promotion du secteur privé

- BizClim Amélioration du climat des affaires au Congo Brazzaville, juin 2009, y compris feuille de route pour l'amélioration du climat des affaires au Congo

▨ Note de service portant mise en place et composition d'une plateforme du secteur public en date du 14 juin 2010

▨ Communiqué final sanctionnant les travaux de validation du cadre permanent du dialogue public-privé du 29 au 30 septembre 2010

▨ Procès-verbal des travaux de validation du cadre permanent du dialogue public-privé du 4 octobre 2010

▨ Déclaration de la plateforme du secteur privé du Congo, 11 mars 2010

▨ Décret portant création, attributions et composition du Haut conseil du dialogue public-privé

▨ Décret n° 2010-324 du 11 mai 2010 portant organisation du Ministère de développement industriel et de la promotion du secteur privé

▨ Décret n° 2008-318 du 5 août 2008 portant attributions et organisation de la Direction générale de la promotion du secteur privé

▨ *Doing Business in Congo*, IFC Pointe Noire, 1er septembre 2010

Conseiller en ressources humaines, Ministère de la santé

▨ Plan national de développement des ressources humaines pour la santé (PNDRHS) 2011–2020 (avant-projet)

▨ Situation des ressources humaines en santé. Rapport de collecte des données, avril 2005

▨ Rapport DAF-DGS 2006

▨ DEP (Ministère de la santé, des affaires sociales et de la famille), 2009

Ministère de la santé

▨ Rapport national des progrès vers l'atteinte des Objectifs du Millénaire pour le développement, projet, mars 2010

▨ Rapport national sur les Objectifs du Millénaire pour le développement — République du Congo, 2004

Structure catholique

▨ Les gestes qui sauvent (documents à l'intention des mamans édités sous l'égide du Ministère de la santé en partenariat avec l'UNICEF et les congrégations religieuses)

Fonds des Nations Unies pour la population (FNUAP)

▨ Projet de descriptif de programme de pays — 2009–2013 — République du Congo

▨ Feuille de route pour accélérer la réduction de la mortalité maternelle et infantile, 2009

Annexe C. Résumé des analyses publiées par l'EDS 2005

Enquête démographie et de santé (EDS)

L'étude Enquête démographie et de santé (EDS) réalisée en 2005 a posé des questions à des ménages représentant un échantillon national. Certaines questions de l'EDS portaient sur le choix de prestataire pour les services liés à la santé de l'enfant et la santé de la reproduction. Les données de l'EDS ont porté sur le recours aux différents types de structures pour l'avortement, pour l'accouchement et les visites postnatales, ainsi que pour les soins de la fièvre/toux et diarrhée de l'enfant, pour le test du VIH et les soins des IST de la femme. À partir de ces informations, une estimation proche (proxy) de la demande des ménages en services privés de soins de santé a été établie. L'EDS a aussi collecté des données sur le statut socioéconomique (SSE) des ménages. Les résultats de cette enquête donnent un aperçu du choix entre les secteurs public et privé selon le type de maladie pour ces services et selon les différents groupes de la population et la strate de résidence (rurale ou urbaine), ainsi que la catégorie socioéconomique (SSE).

L'indicateur de niveau de vie est une mesure composite du standard de vie qui fournit une estimation proche du SSE du ménage. Il est calculé sur une liste des biens possédés par le ménage (comme le poste de radio, poste de télévision, la moto, la bicyclette, les matériaux de construction de la maison, le type de lieux d'aisance, la source en eau potable, la source d'énergie, etc.). Les biens durables les plus importants possédés par les ménages ayant fait l'objet de l'enquête ont été identifiés à l'aide d'une analyse factorielle en composantes principales (ACP). Au total, 162 indicateurs rassemblés pour 81 pays ont été utilisés par ORC Macro pour établir l'indicateur de niveau de vie.

RECHERCHE D'UN TRAITEMENT OU DE CONSEILS

1.1 SANTÉ DE LA REPRODUCTION ET VIH[1]

1.1.1 Lieu d'accouchement

Parmi les naissances survenues au cours des cinq années ayant précédé l'enquête, la majorité se sont déroulées en établissement de santé (82 %), principalement dans le secteur public (75 %). Dans seulement 16 % des cas, les femmes ont accouché à domicile. Il est constaté que la proportion de femmes qui ont accouché à domicile augmente avec l'âge de la femme : d'un minimum de 13 % chez les moins de 20 ans, la proportion s'élève à 17 % pour les femmes de 20 à 34 ans, pour atteindre un maximum de 21 % chez les femmes de 35 à 49 ans. La même tendance s'observe avec le rang de naissance de l'enfant : de 11 % pour le rang 1, la proportion augmente régulièrement pour atteindre 26 % pour le rang 6 ou plus. Les résultats montrent aussi que les femmes du milieu rural accouchent plus fréquemment à domicile que celles du milieu urbain (27 % contre 4 %). Des écarts importants sont observés selon la région de résidence puisque seulement 2 % des femmes de Brazzaville et 3 % des femmes de Pointe-Noire ont accouché à la maison

---

1. Monique BARRÈRE dans «Santé » ; « ENQUÊTE DÉMOGRAPHIQUE ET DE SANTÉ DU CONGO (EDSC-I) 2005 » ; Ministère du plan, de l'aménagement du territoire, de l'intégration économique et du NEPAD ; Centre national de la statistique et des études économiques (CNSEE), Brazzaville et ORC Macro, Calverton, Maryland ; juillet 2006 ; p. 127 et pages suivantes.

alors que ces proportions atteignent 26 % pour la région sud et 25 % pour la région nord. Le niveau d'instruction et le niveau de bien-être du ménage influent également sur le lieu d'accouchement de la femme, les plus instruites et celles des ménages les plus riches accouchant moins fréquemment à la maison que les autres.

1.1.2 Examens postnatals

Au cours de l'EDSC-I, il a été demandé aux femmes dont la dernière naissance s'était déroulée en dehors d'un établissement sanitaire si, après l'accouchement, elles avaient effectué un examen postnatal, et combien de temps après l'accouchement avait eu lieu cet examen. Parmi les femmes qui ont accouché en dehors d'un établissement sanitaire, il est constaté qu'une proportion élevée (70 %) n'a effectué aucun suivi postnatal. Par contre, 29 % des femmes dont la dernière naissance s'était déroulée en dehors d'un établissement de santé ont effectué un examen postnatal ; dans la majorité des cas (24 %), ces femmes se sont rendues à une consultation postnatale, conformément aux recommandations, dans les deux jours suivant leur accouchement. La proportion de femmes qui ont effectué un suivi postnatal rapidement après l'accouchement varie sensiblement en fonction des caractéristiques sociodémographiques. Tout d'abord, une diminution de cette proportion selon l'âge de la femme et le rang de naissance de l'enfant est observée. En effet, atteignant un maximum de 29 % pour les moins de 20 ans, la proportion de femmes ayant effectué un suivi postnatal diminue régulièrement pour atteindre un minimum de 16 % pour les femmes de 35 à 49 ans. La même tendance est observée en fonction du rang de naissance, la proportion variant d'un maximum de 30 % pour le rang 1 à un minimum de 14 % pour le rang 6 et plus. Le suivi postnatal est plus fréquent parmi les femmes du milieu urbain et parmi celles de la région sud (respectivement 53 % et 25 %) que parmi celles du milieu rural et de la région nord (respectivement 19 % et 11 %). On constate également des écarts en fonction du niveau d'instruction, la proportion de femmes qui se sont rendues en consultation postnatale augmentant avec le niveau d'instruction de celles-ci : de 6 % parmi les femmes sans instruction, la proportion passe à 23 % parmi celles ayant un niveau primaire et à 34 % parmi celles ayant un niveau d'instruction secondaire 1er cycle. Enfin, les résultats selon les quintiles de bien-être indiquent que des ménages les plus pauvres aux plus riches, la proportion de femmes ayant bénéficié de soins postnatals dans les deux jours suivant l'accouchement augmente, passant de 15 % pour le premier quintile à 36 % pour le quatrième quintile.

1.1.3 Test du VIH[2]

Les résultats ont démontré qu'un certain nombre de jeunes sont sexuellement actifs et ont des rapports sexuels souvent à hauts risques. Il a donc été important de savoir dans quelle mesure les jeunes se soumettent à un test du VIH et cherchent à en connaître le résultat. Il est constaté que seulement 3 % des jeunes femmes de 15 à 24 ans et 2 % des jeunes hommes ont procédé à ce test et ont reçu les résultats dans les 12 derniers mois. Quelles que soient les caractéristiques sociodémographiques, cette proportion reste faible ; cependant, elle est beaucoup plus élevée chez les jeunes femmes et les jeunes

---

2. Monique BARRÈRE dans « Connaissance, attitudes et comportements vis-à-vis des infections sexuellement transmissibles (IST) et du VIH/sida » ; « ENQUÊTE DÉMOGRAPHIQUE ET DE SANTÉ DU CONGO (EDSC-I) 2005 » ; Ministère du plan, de l'aménagement du territoire, de l'intégration économique et du NEPAD ; Centre national de la statistique et des études économiques (CNSEE), Brazzaville et ORC Macro, Calverton, Maryland ; juillet 2006 ; p. 199 et pages suivantes.

hommes les plus instruits (respectivement 6 % et 7 %), ceux du milieu urbain (respectivement 4 % et 3 %) et ceux vivant dans un ménage du quintile le plus riche (respectivement 5 % et 4 %).

1.2 TRAITEMENT DES MALADIES INFANTILES[3]

1.2.1 Infections respiratoires et fièvre

Les infections respiratoires aiguës (IRA), particulièrement la pneumonie, constituent l'une des premières causes de mortalité infantile dans les pays en développement. Pour évaluer la prévalence de ces infections parmi les enfants, il a été demandé aux mères si leurs enfants avaient souffert de la toux pendant les deux semaines ayant précédé l'enquête et, si oui, il a alors été demandé si la toux avait été accompagnée d'une respiration courte et rapide. Par ailleurs, la fièvre pouvant être l'un des principaux symptômes de nombreuses maladies, dont le paludisme et la rougeole qui provoquent de nombreux décès en Afrique, il a été demandé aux mères si leurs enfants avaient eu de la fièvre durant les deux semaines ayant précédé l'interview. En outre, pour les enfants ayant présenté ces symptômes d'IRA et ayant eu de la fièvre, il a été tenté de connaître le pourcentage de ceux pour lesquels un traitement ou des conseils avaient été recherchés.

Au cours des deux semaines ayant précédé l'enquête, près d'un quart des enfants avaient eu de la fièvre (23 %). Il est constaté que cette prévalence de la fièvre varie surtout en fonction de l'âge de l'enfant et du milieu de résidence. En effet, comme pour les IRA, c'est chez les enfants de 6 à 23 mois que la prévalence de la fièvre est la plus élevée (au moins 32 % contre 16 % pour les enfants de 48 à 59 mois). Selon les régions, les résultats indiquent que dans le nord, 30 % des enfants ont eu de la fièvre contre un minimum de 20 % à Pointe-Noire.

Par ailleurs, pour seulement 44 % des enfants ayant présenté des symptômes d'IRA et/ou de fièvre, un traitement ou des conseils ont été recherchés. Les résultats selon l'âge démontrent que c'est pour les enfants de 6 à 23 mois, chez qui la prévalence de la fièvre et des IRA est la plus élevée, que des traitements sont été le plus fréquemment recherchés (48 %). En outre, le milieu de résidence, le niveau d'instruction de la mère et le niveau de richesse du ménage dans lequel vit l'enfant influencent la recherche de traitement, les enfants pour lesquels un traitement a été le plus fréquemment recherché étant les enfants du milieu urbain (51 % contre 38 % en rural), ceux de Brazzaville (57 % contre 39 % dans le nord), ceux dont la mère a un niveau secondaire 2e cycle ou plus (56 % contre 44 % pour ceux dont la mère n'a pas d'instruction) et ceux vivant dans un ménage du quintile le plus riche (56 % contre 38 % dans le plus pauvre).

1.2.2 Diarrhée

De par leurs conséquences, notamment la déshydratation et la malnutrition, les maladies diarrhéiques constituent, directement ou indirectement, une des principales causes de décès des jeunes enfants dans les pays en développement. Il apparaît que, selon les déclarations des mères, 14 % des enfants ont eu la diarrhée au cours des deux semaines ayant précédé l'enquête. La prévalence de la diarrhée est particulièrement élevée chez les jeunes enfants de 6 à 23 mois (environ 25 %). Ces âges de forte prévalence sont aussi les âges auxquels les enfants commencent à recevoir des aliments autres que le lait ma-

---

3. Monique BARRÈRE dans «Santé » ; op. cité.

ternel et à être sevrés. Ils correspondent aussi aux âges auxquels les enfants commencent à explorer leur environnement, ce qui les expose davantage à la contamination par des agents pathogènes. Les résultats selon le sexe de l'enfant et le milieu de résidence ne font pas apparaître d'écarts. Dans les régions, on constate des écarts peu importants, la prévalence variant d'un maximum de 16 % dans la région de Brazzaville à un minimum de 11 % dans la région de Pointe-Noire. La prévalence de la diarrhée ne semble être influencée ni par le niveau d'instruction de la mère, ni par le niveau de bien-être du ménage. Les résultats selon la source d'eau potable ne font pas non plus apparaître d'écarts significatifs.

1.3 INFECTIONS SEXUELLEMENT TRANSMISSIBLES (IST) DE LA FEMME4

Il a été tenté de déterminer si les femmes et les hommes qui avaient déclaré avoir eu des rapports sexuels avaient eu une IST ou présenté des symptômes d'IST au cours des 12 derniers mois. Chez les femmes, 4 % ont déclaré avoir eu une IST. Par ailleurs, 16 % des femmes ont déclaré avoir eu des pertes vaginales anormales et 8 % un ulcère génital. Globalement, une femme sur cinq (20 %) peut être considérée comme ayant eu une IST et/ou un ou plusieurs symptômes révélateurs d'IST. Chez les hommes, 6 % ont déclaré avoir eu une IST, 6 % ont eu un écoulement du pénis et 7 % un ulcère génital. Globalement, 10 % des hommes peuvent être considérés comme ayant eu une IST et/ou un ou plusieurs symptômes révélateurs d'IST.

Parmi ceux ayant déclaré avoir eu une IST et/ou des symptômes associés aux IST au cours des 12 derniers mois, 68 % des femmes et 81 % des hommes ont déclaré avoir recherché des conseils ou un traitement. Dans un peu plus de la moitié des cas (55 %), les hommes et les femmes affectés se sont adressés à un établissement sanitaire ou à un professionnel de la santé pour recevoir un traitement ou des conseils. En outre, 14 % des femmes et 22 % des hommes ont recherché des conseils auprès d'un pharmacien ou d'un vendeur ambulant.

---

4. Monique BARRÈRE dans « Connaissance, attitudes et comportements vis-à-vis des infections sexuellement transmissibles (IST) et du VIH/sida » ; op. cité.

Annexe D. Répartition des prestataires privés dans la carte sanitaire de 2005

Carte sanitaire de 2005

Tableau D.1. Statut de la structure

Type de la structure	Public	Paraétatique	Privé à but lucratif	Privé à but non lucratif	Total	%
Centre hospitalier et universitaire	1	—	—	—	1	0,1%
Hôpitaux généraux	5	—	—	—	5	0,3%
Hôpitaux de référence	20	—	—	—	20	1,2%
Centres de santé intégrés à paquet minimum d'activités élargi	65	3	—	5	73	4,3%
Centres de santé intégrés à paquet minimum d'activités standard	161	2	5	3	171	10,0%
Centre de santé/Poste de santé/Dispensaire/infirmerie	387	3	50	46	486	28,4%
Polyclinique	—	—	2	1	3	0,2%
Clinique	1	—	34	1	36	2,1%
Cabinet médical	2	—	143	4	149	8,7%
Cabinet de soins Inf.	—	—	295	6	301	17,6%
Centres médico-sociaux	2	9	19	32	62	3,6%
Officine	3	—	189	—	192	11,2%
Dépôt pharmaceutique	1	—	144	10	155	9,1%
Structures sanitaires spécifiques[a]	42	3	13	0	58	3,4%
Total	690	20	894	108	1 712	100,0%

Source : Ministère de la santé et de la population de la République démocratique du Congo, 2005.
[a] Y compris les services de traitement ambulatoire, de dépistage anonyme et volontaire, de l'anti-tuberculose, de transfusion sanguine et du laboratoire national.

Figure D.1. Statut des structures selon leur type, Carte sanitaire 2005

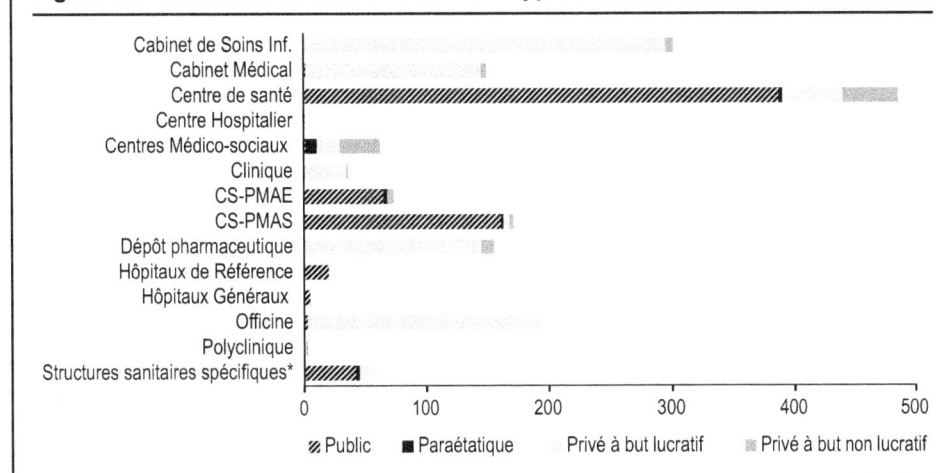

Source : Ministère de la santé et de la population de la République démocratique du Congo, 2005.

Tableau D.2. Répartition des structures selon leur type et par milieu d'implantation

Type de la structure	Milieu d'implantation			
	Urbain	Semi-urbain	Rural	Total
Centre hospitalier et universitaire	1	0	0	1
Hôpitaux généraux	4	1	0	5
Hôpitaux de référence	8	11	1	20
Centres de santé intégrés à paquet minimum d'activités élargi	7	33	33	73
Centres de santé intégrés à paquet minimum d'activités standard	58	26	87	171
Centre de santé/Poste de santé/Dispensaire/infirmerie	77	31	378	486
Polyclinique	3	0	0	3
Clinique	33	2	1	36
Cabinet médical	143	5	1	149
Cabinet de soins Inf.	221	33	47	301
Centresmédico-sociaux	43	5	14	62
Officine	183	8	1	192
Dépôt pharmaceutique	22	105	28	155
Structures sanitaires spécifiques	38	16	4	58
Total	841	276	595	1 712

Source : Ministère de la santé et de la population de la République démocratique du Congo, 2005.

Annexe E. Analyse du cadre juridique et des textes légaux

Autorisations relatives à la pratique de la médecine privée

La pratique de la médecine privée au Congo est autorisée sous certaines conditions. L'autorisation est acquise en deux étapes, définissant ainsi son caractère provisoire et définitif. Ces étapes sont obligatoires concernant la médecine libérale, ainsi que la pratique médicale par les tradipraticiens, les confessions religieuses, les associations et les organisations non gouvernementales (ONG).

Tableau E.1. Points abordés et manquants dans le processus d'obtention de l'autorisation d'exercer

Textes	Points abordés	Points manquants
	Champ d'application du décret	
	Mention des professions concernées par ledit décret	
	Conditions d'exercice de la pratique en clientèle privée	
	Conditions académiques	La nature des écoles de formation n'est pas précisée (publiques ou privées)
	Conditions d'exercice de la bi-appartenance par les fonctionnaires : mise à disponibilité, retraités, démissionnaires et exigence d'un contrat avec l'État	Conditions d'exercice de la bi-appartenance par les privés
	Conditions de remplacement du titulaire dans son exercice	
Décret n° 88/430 du 6 juin 1988 émanant de la présidence de la République/ SG du Gouvernement sous Conseil des Ministres sur proposition du Ministre de la santé et des affaires sociales	Congé du titulaire	Les horaires de présence du titulaire ou de la personne de même qualification ne sont pas précisées et il s'avère que ce sont des personnes non qualifiées en la matière qui effectuent les prestations (par exemple, infirmière pour les consultations, aides sanitaires pour les accouchements etc....)
	Décès du titulaire	
	Conditions de cession ou vente d'une structure de santé privée	
	Annexes de note de service n° 018 émanant du Ministère de la santé en date du 23 février 1990	
	Précisions sur les principales activités à mener dans les formations sanitaires privées	Quid sur les rapports d'activités
	Un médecin ne peut exercer deux spécialités à la fois	
	Exercice soumis à des contrôles inopinés et les infractions donnent lieu à sanction de fermeture	
	Dossiers et demande d'exercice	
	Eléments constitutifs du dossier pour exercice provisoire	
	Eléments constitutifs du dossier pour avoir l'autorisation définitive d'exercer	

(Suite page suivante)

Tableau E.1 (suite)

Textes	Points abordés	Points manquants
	Concernant l'autorisation provisoire	
	Nullité en cas d'accomplissement d'autres activités en dehors de celles ayant été permises	
	Validité de un an pouvant être exceptionnellement prolongée par le Ministère pour une autre année	Textes régissant le fait que l'exercice continue au-delà de deux années
	Le personnel médical des entreprises ne peut pas ouvrir un cabinet privé à son compte	
	Dispositions diverses	
Décret n° 88/430 du 6 juin 1988 émanant de la présidence de la République/ SG du Gouvernement sous Conseil des Ministres sur proposition du Ministre de la santé et des affaires sociales	Arrêté conjoint du Ministère de la santé et du Ministère du commerce précisant la tarification des actes	Grilles tarifaires non publiées
	Activités à mener dans les formations sanitaires	Non précision des qualifications des prestataires selon les actes (par exemple infirmière pour les consultations, aides sanitaires pour les accouchements, etc.)
	Tâches spécifiques pouvant être prescrites par le ministère dans le cadre de programmes nationaux	Conditions de contractualisation non précises
	Des sanctions seront prises pour toutes infractions à ce présent décret	
	Note circulaire à l'attention des promoteurs des formations sanitaires privées de dispensation de soins (signée par le Dr Ibouanga, Directeur des soins et des services de santé et non datée)	
	Éléments constitutifs du dossier de demande d'exercice	
	Rappel sur les frais d'étude de dossiers	
	Dossiers de demande	
	Délai de traitement	
	Contenu	
	Frais de traitement de dossier	
	Conduite à tenir en cas d'incomplétude	
	Étapes de l'autorisation	
Décret n° 2232/MSAS/DGS du 5 juin 1991 fixant les conditions d'implantation et d'ouverture des formations sanitaires privées à vocation ambulatoire	Validité de l'autorisation provisoire	
	Étapes de la délivrance de l'autorisation définitive	
	Dispositions diverses	
	Dispositions en cas de décès du titulaire	
	Fixation des honoraires conjointement avec le ministère	
	Qualifications requises du remplaçant en cas de congé du titulaire	
	Sanction en cas de non respect de ces dispositions diverses	

(Suite page suivante)

Tableau E.1 (suite)

Textes	Points abordés	Points manquants
	Domaines portant amendement	
Décret n° 3092/MSP/MEFB du 9 juillet 2003 portant amendement du décret n° 2232/MSAS/DGS du 5 juin 1991	Structures composant les formations sanitaires dites à vocation ambulatoire ou hospitalière	
	Augmentation des frais de traitement de dossier de l'ordre de **63 % en moyenne** par rapport au décret n° 2232	
NOTE CIRCULAIRE n° 869/MSP/DGS/DSS du 30 septembre 2002 portant réglementations de la pratique médicale des tradipraticiens, confessions religieuses, associations et ONG de médecine traditionnelle	**En attendant la publication des textes réglementant l'exercice libéral de la médecine traditionnelle**	
	Eléments constitutifs du dossier de demande d'exercice	Toutes les conditions et réglementation de l'exercice manquent
	Frais d'étude de dossiers	

Le décret n° 88/430 du 8 juin 1988 portant libéralisation des professions médicales et paramédicales et pharmaceutiques a été largement évoqué sans ambiguïté lors des deux premiers ateliers ; cependant quelques éclaircissements étaient nécessaires pour ce qui est des ordres professionnels pharmaciens de la santé.

Ordres professionnels de la santé (médecins, pharmaciens et sages-femmes)

Loi 009/88 du 23 mai 1988 instituant un code de déontologie des professions de la santé et des affaires sociales en République populaire du Congo (à l'époque les deux ministères ne faisaient qu'un)

Les Ordres nationaux des médecins, pharmaciens et sages-femmes regroupent respectivement tous les médecins, pharmaciens et sages-femmes habilités à exercer leurs professions en République du Congo. (Cependant par dérogation les sages-femmes servant dans l'administration au titre de l'assistance technique internationale ne sont pas inscrites à l'ordre.)

Ils sont tous dotés de la personnalité juridique.

Les Ordres nationaux des professions de la santé veillent au maintien des principes de moralité, de probité, de dévouement et de compétences indispensable à l'exercice de leur profession ainsi qu'à l'observation par tous leurs membres des devoirs professionnels et des règles édictées par le code de déontologie.

Le code de déontologie traite de la morale professionnelle et de l'éthique que doivent observer les personnels de la santé et des affaires sociales (Art. 2 Loi 009/88 du 23 mai 1988 code de déontologie)

Article 5 (chapitre I : Code de déontologie, Devoirs généraux)

Les personnels de la santé et des affaires sociales doivent :

- Respecter la vie et la personne humaine
- Assister et soigner tous les patients quelles que soient leurs conditions, leur nationalité, leur religion, leur opinion politique et philosophique, leur réputation

- Porter secours à toute personne en danger ou victime d'un accident ou à tout enfant abandonné, même si d'autres soins ne peuvent être assurés

Article 7 : Les personnels de la santé et des affaires sociales doivent respecter : le libre choix du médecin, du chirurgien, de la sage-femme par le malade ; la tarification d'honoraires fixés par le Ministre de la santé et des affaires sociales (d'après les enquêtes il n'existe pas de tarification de prestations établie par le Ministère de la santé, sauf pour ce qui est du secteur pharmaceutique).

Les Ordres nationaux des médecins, pharmaciens et sages-femmes assurent la défense de l'honneur, le respect des devoirs et d'indépendance de leurs professions respectives (contrairement à ce que semblait nous dire un des participants à l'Atelier).

Ils ne peuvent pas se prévaloir de la défense des intérêts matériels de leurs membres qui est du domaine exclusif des syndicats (à ce jour seuls les pharmaciens sont constitués en syndicat).

Fonctionnement :

Les organes des différents ordres professionnels de la santé sont mis en place par élection au cours des assemblées générales convoquées à cet effet.

Le Ministre de la santé convoque les assemblées générales constitutives.

Annexe F. Processus d'obtention de l'autorisation d'exercer

Étape 1 :

Avant toute considération de dossiers administratifs, les postulants à la Direction d'une structure de médecine libérale doivent satisfaire à certaines conditions exigées, telles que mentionnées ci-dessous, avant de prétendre à toute autorisation d'exercice :

- En matière de formation académique :
  - Être titulaires d'un diplôme d'État congolais ou d'un diplôme étranger de valeur scientifique reconnue équivalente ;
  - Être titulaires, en ce qui concerne les médecins ou pharmaciens biologistes, de deux certificats d'études spécialisées au moins ou d'un titre reconnu ;
- En matière de qualifications et du point de vue législatif :
  - Justifier d'une ancienneté d'au moins trois ans, dans la fonction publique ou dans le secteur privé ;
  - En ce qui concerne les fonctionnaires civils ou militaires, ceux-ci doivent être soit mis en disponibilité, soit admis à la retraite ou démissionnaires ;
  - Être inscrits au conseil de l'ordre de la profession concernée.

Une fois ces conditions réunies, une demande manuscrite accompagnée des documents administratifs énoncés ci-dessous doit être soumise pour aval à la Direction départementale de la santé, pour être ensuite adressée au Ministère de la santé sous couvert de la DGS, sous pli recommandé avec demande d'avis de réception ou exigence de récépissé en cas de dépôt de dossier.

- Un extrait ou copie d'acte de naissance
- Deux photos
- Copies légalisées des diplômes
  - Un médecin est autorisé à exercer soit la médecine générale, soit une spécialité médicale s'il est dûment qualifié ;
  - Il ne peut en aucun cas exercer deux spécialités distinctes à la fois. Il est donc formellement interdit aux médecins spécialistes (radiologues, dentistes, etc.) d'organiser parallèlement des consultations de médecine générale dans leurs cabinets sous peine de retrait de l'autorisation d'exercice libéral
- Casier judiciaire
- Certificat médical
- Curriculum vitae
- Titre de propriété foncier, permis d'occuper ou contrat de bail
- Plan du local
- Liste détaillée des prestations et du personnel
- Liste complète du matériel
- Étude préliminaire d'avant-projet de l'opération projetée
- Devis estimatif sommaire du coût de l'opération
- Note de renseignement sur le financement de l'opération
- Compte d'exploitation prévisionnel
- Quittance de paiement des frais d'ouverture de formation délivrée par le Régisseur du Trésor public affecté à demeure à la DGS

- Formation sanitaire à vocation ambulatoire :
  - Cabinet médical de médecine générale : 300 000 FCFA
  - Cabinet médical de spécialité : 500 000 FCFA
  - Centre médico-social d'entreprise, de confession religieuse et d'organismes de bienfaisance : 500 000.FCFA
  - Cabinet de soins infirmiers : 200 000 FCFA
  - Cabinet de prothèse dentaire : 400 000 FCFA
  - Transfert : 200 000 FCFA
- Formation sanitaire à vocation hospitalière : 700 000 FCFA

À ces frais s'ajoutent les taxes et impôts prévus pour les activités commerciales qui doivent être payées.

Étape 2 :

Après étude par le Ministère de la santé de la conformité des diplômes et de la validité du dossier, et après règlement à la Direction générale du Ministère de la santé des sommes prévues à titre de frais d'étude de dossier, il est octroyé une autorisation provisoire d'exercer pour une année. Seule l'autorisation émanant de la Direction générale du Ministère de la santé est valide et aucune autorisation quelconque délivrée par une autorité départementale ou périphérique n'est valide.

Avant l'expiration de cette période d'une année, et aux fins d'obtenir une autorisation définitive, le prétendant reformule une demande manuscrite et complète le dossier par les documents suivants :

- Attestation d'acquittement des obligations auprès des Ministères du commerce, du travail, de la sécurité sociale et de la justice
- Attestation de déclaration auprès des services des contributions directes
- Dossier des personnels certifié conforme par la DDS
  - État détaillé du personnel médical qui exerce dans la formation
  - Tableau numérique de chacune des autres catégories de personnel
  - Engagement écrit de respecter la qualification du personnel et de ne pas modifier les caractéristiques du projet
- Attestation d'assurance des locaux et des risques professionnels

Une fois ces différents documents administratifs présentés, l'autorisation définitive est délivrée par le Ministère de la santé, subordonnée aux conditions d'une visite ayant pour objet de constater la conformité des installations aux normes en vigueur et aux éléments et conditions sur la base desquelles l'autorisation a été accordée. La visite est effectuée par la DGS qui rend compte au Ministre et qui fait connaître au demandeur, le cas échéant, les transformations à effectuer.

L'autorisation définitive est délivrée seulement lorsque les dossiers sont complets et est prononcée par arrêté ministériel et notifiée à l'intéressé par lettre recommandée.

Cas particuliers des les confessions religieuses, associations et ONG :

- Aux fins d'obtention de l'autorisation provisoire délivrée après enquête de moralité, et outre les documents exigés pour la pratique de la médecine libérale, le dossier doit être complété par :

- Un arrêté d'agrément de la confession religieuse, d'association et de l'ONG
- Une copie des statuts
- Un règlement intérieur

L'autorisation définitive est délivrée par le Ministre de la santé après rapport circonstancié de la DGS. Une carte professionnelle est conjointement fournie.

Annexe G. Procédures et taxes du Centre de formalité des entreprises

Centre de formalité des entreprises

Le Centre de formalité des entreprises (CFE) est un service public créé par décret n°94-568 du 10 octobre 1994 puis modifié par le décret n°95-183 du 18 octobre 1995. Il est placé sous la tutelle du Ministère des petites et moyennes entreprises (PME) chargé de l'artisanat.

Objets du CFE :

- Observer l'environnement des entreprises et identifier tous mécanismes, procédures et formalités complexes qui empêchent les Congolais de créer, de modifier ou de cesser leurs activités économiques, afin de les simplifier et de réduire leur durée et leur coût
- Recevoir en un seul lieu (guichet unique), sur un seul document, en un seul paiement et en moins d'une heure, toutes déclarations liées à la création, au transfert, à l'extension, à la modification et à la cessation d'activités
- Pour les opérateurs économiques, obtenir les autorisations préalables pour les professions et activés réglementées
- Informer et conseiller les entrepreneurs/opérateurs économiques sur les formalités des entreprises
- Tenir le fichier des entreprises créées, transférées, modifiées, en cessation ou en suspension d'activités
- Susciter et favoriser la création d'entreprises au Congo

Partenaires du CFE :

- Greffe du Tribunal du commerce
- Chambre de commerce d'industrie de l'agriculture et des métiers (CCIAM)
- Caisse nationale de sécurité sociale (CNSS)
- Centre national de statistiques et des études économiques (CNSEE)
- Direction départementale des impôts
- Direction départementale du travail
- Direction départementale du commerce

À qui s'adresse le CFE ? Les bénéficiaires du service du CFE sont :

- Les commerçants
- Les industries
- Les prestataires de service
- Les sociétés commerciales
- Les promoteurs de projet

À déclarer au CFE

L'immatriculation
- D'une entreprise individuelle
- D'une entreprise sociétaire

La modification
- Ouverture d'un nouvel établissement supplémentaire
- Changement de raison sociale ou de siège social
- Extension de l'activité
- Nouveau mode d'exploitation
- Mise en location, en gérance
- Autres (cession d'activités)

La cessation
- Cessation temporaire ou partielle
- Cessation totale

Procédure à suivre

- Remplir le formulaire unique (disponible au guichet unique de la circonscription)
- Joindre les pièces justificatives légales
- Joindre le montant des frais réglementaires selon le barème officiel

Pièces justificatives à produire

Pour les nationaux exerçant à titre individuel
- Original de la carte d'identité + deux photocopies
- Trois photos d'identité
- Une copie d'acte de mariage pour les gens mariés

Pour les étrangers originaires des États de la CEMAC pouvant exercer à titre individuel
- Original des documents prouvant la régularité du séjour en République du Congo, ainsi que deux photocopies ou deux copies de ces documents certifiées conformes par le guichet unique
- Récépissé d'ouverture d'un compte bancaire au Congo et l'engagement à y effectuer les transactions financières
- Trois photos d'identité

Pour les autres étrangers qui doivent obligatoirement se constituer en société et pour toutes déclarations de société commerciale, les documents ci-dessous concernant le mandataire social sont exigés :
- Quatre exemplaires des statuts notariés avec mention du mandataire ou à défaut le PV de l'AG le désignant
- Un contrat de bail commercial comportant éventuellement une clause suspensive concernant la régularisation administrative de l'entreprise ainsi qu'une copie certifiée conforme par le guichet unique

Figure G.1. Procedure: Demande d'autorisation d'exercice de la profession de commerçant pour les personnes physiques

CENTRE DE FORMALITES ADMINISTRATIVES DES ENTREPRISES

Téléphone : 628 72 90
cfe_congo yahoo.fr

C.F.E

PROCEDURE

I/- DEMANDE D'AUTORISATION D'EXERCICE DE LA PROFESSION DE COMMERÇANT POUR LES PERSONNES PHYSIQUES

- extrait d'acte de naissance ou tout document administratif justifiant de son identité;
- une copie de la carte de séjour avec visa long séjour;
- un extrait d'acte de mariage en tant que de besoin;
- un extrait de casier judiciaire émanant des autorités du pays d'origine ou tout autre document en tenant lieu;
- un certificat de résidence;
- le récépissé d'ouverture d'un compte dans une banque locale ou dans toute institution ou établissement financier, d'épargne et de crédit dûment établi;
- une copie du titre de propriété ou de bail justifiant l'implantation du siège de la boutique ou de l'échoppe, et le cas échéant, du principal établissement et de celui de chacun des autres établissements;
- en cas d'acquisition d'un fonds de commerce ou de location-gérant, une copie de l'acte d'acquisition ou de l'acte de location-gérance.

II/- DEMANDE DE LA CARTE PROFESSIONNELLE DE COMMERÇANT

- une autorisation d'exercice des activités commerciales délivrée par le Directeur Général du Commerce;
- un extrait du registre de commerce et du crédit mobilier;
- trois photos de format d'identité;
- les frais réglementaires.

NB : la dénomination sociale doit être différente de l'identité du requérant

Figure G.2. Procedure: Demande d'autorisation d'exercice de la profession de commerçant pour les personnes physiques (suite)

CENTRE DE FORMALITES ADMINISTRATIVES DES ENTREPRISES
Téléphone : 628 72 90
cfe_congo yahoo.fr

C.F.E

PROCEDURE

I/- DEMANDE D'AUTORISATION D'EXERCICE DE LA PROFESSION DE COMMERÇANT POUR LES PERSONNES MORALES

- deux copies certifiées conformes des statuts;
- deux exemplaires de la déclaration de régularité et de conformité, ou de la déclaration notariée de souscription de versement du capital;
- deux exemplaires de la liste certifiée conforme des gérants, administrateurs ou associés tenus indéfiniment et personnellement responsables ou ayant le pouvoir d'engager la société;
- deux extraits du casier judiciaire des personnes visées à l'alinéa ci-dessus; si le requérant est de nationalité étrangère, il devra fournir un extrait de casier judiciaire émanant des autorités de son pays de naissance, et à défaut, tout autre document en tenant lieu;
  - **de la catégorie B : (les sociétés anonymes, les sociétés à responsabilités limitées et les sociétés unipersonnelles)**
- la déclaration de la dénomination sociale;
- le récépissé d'ouverture d'un compte dans une banque locale;
- le programme d'investissement de création d'emplois et un compte d'exploitation prévisionnel sur les trois premières années;
- le programme de protection de l'environnement lié à l'activité exercée, le cas échéant;
- le programme d'équipement garantissant le respect des normes de travail et de sécurité;
- le titre de propriété ou contrat de bail justifiant l'implantation du siège de la société;
  - **de la catégorie C : (les groupements d'intérêt économique)**
- le contrat de constitution de groupement d'intérêt économique;
- le titre de propriété ou contrat de bail justifiant l'implantation du siège du groupement d'intérêt économique;
- le programme de protection de l'environnement lié à l'activité exercée, le cas échéant.
- le récépissé d'ouverture d'un compte dans une banque locale ou dans toute institution ou établissement financier, d'épargne et de crédit dûment établi.

II/- DEMANDE DE LA CARTE PROFESSIONNELLE DE COMMERÇANT

- une autorisation d'exercice des activités commerciales délivrée par le Directeur Général du Commerce;
- un extrait du registre de commerce et du crédit mobilier;
- trois photos de format d'identité;
- les frais réglementaires.

NB : la dénomination sociale doit être différente de l'identité du requérant

Figure G.3. Tarification: Centre de formalites administratives des enterprises

CFE CENTRE DE FORMALITES ADMINISTRATIVES DES ENTREPRISES
Av Foch (à côté de DHL) · BP 2013 · Tél · 628 72 90 · E mail · cef_congo yahoo.fr

C.F.E

TARIFICATION

Les frais de formalités administratives de création d'entreprise sont fixés comme suit pour les nationaux comme pour les étrangers (Décrets n°95-96 du 29 mai 1995 et n°2008-446 du 15 novembre 2008, et l'arrêté n°3088/MJDH/MEFB du 03 juillet 2003)

1. Frais de création d'une entreprise individuelle :

Immatriculation au RCCM	30 000 FCFA
Immatriculation au Fichier du CNSEE	10 000 FCFA
Immatriculation à la Chambre consulaire	10 000 FCFA
Carte professionnelle de commerçant	50 000 FCFA
Frais de dossier	10 000 FCFA
TOTAL	**110 000 FCFA**

2. Frais de création d'une société :

	G.I.E.	S.A.R.L.	S.A.
Immatriculation au RCCM	75 000	100 000	150 000 FCFA
Immatriculation au Fichier du CNSEE	10 000	10 000	10 000 FCFA
Immatriculation à la Chambre consulaire	10 000	10 000	10 000 FCFA
Carte professionnelle de commerçant	100 000	100 000	100 000 FCFA
Frais de dossier	10 000	10 000	10 000 FCFA
TOTAL	**205 000**	**230 000**	**280 000 FCFA**

3. Frais de modification d'activité :

	Entreprise Individuelle	Société (GIE,SARL, SA)
Mention modificative du RCCM	20 000	50 000 FCFA
Mention modificative de la Carte de commerçant	50 000	100 000 FCFA
Frais de dossier	10 000	10 000 FCFA
TOTAL	**80 000**	**160 000 FCFA**

4. Frais d'autorisation d'exercice temporaire d'activité commerciale pour les entreprises étrangères

- Première installation
  * 5% du montant des prestations pour tout contrat dont le montant est inférieur ou égale à 3 000 000 FCFA
  * 3 000 000 FCFA pour tout contrat dont le montant exède 30 000 000 FCFA
- Renouvellement semestriel .... 3 000 000 FCFA

5. Autres frais

	E.I.	Société/GIE
Renouvellement de la Carte de commerçant	65 000	115 000 FCFA
(Entreprise individuelle tous les 3 ans et Société tous les 5 ans)		
Duplicata	60 000	110 000 FCFA
Régularisation pour RCCM informatisé	20 000	50 000 FCFA

6. Dispositions particulières pour les opérateurs économiques étrangers non ressortissants des pays de la CEMAC

* Paiement d'un cautionnement : 1% du capital social, le minimum à payer étant .... 1 000 000 FCFA

Avantages particuliers : Les entreprises des secteurs agricoles, d'élevage, d'industrie et des transports fluviaux bénéficient abattement de 50% du montant du cautionnement.

N.B : Le paiement des frais de formalités dans les Guichets Uniques vaut inscription au Registre du Commerce et du Crédit Mobilier (RCCM), à la Caisse Nationale de Sécurité Sociale (CNSS), au Centre National de la Statistique et des études économiques (CNSEE), à la Direction Départementale du Travail (DDT), à la Direction Départementale des Impôts (DDI) et à la Direction Départementale du Commerce (DDC)

Sigle : G.I.E. : Groupement d'intérêt économique   S.A.R.L. : Société à responsabilité limitée   S.A : Société anonyme

Le montant généré par les prestataires de santé privés n'est pas spécialement tenu à part mais le responsable interviewé a déclaré que ce montant constitue une part très infime dans la recette générale.

Figure G.4. Formulaire de déclaration, modification, renouvellement, cessation de sociétés ou d'activités pour un particulier

N° RCCM
N° SCIE (N ou T)
N° NIU
N° C.N.S.S
reservé au service

REPUBLIQUE DU CONGO
Unite - Travail - Progrès

N° 0002376

Cette liasse est autocopiant. La remplir très lisiblement au stylo à bille

DÉCLARATION UNIQUE DE CRÉATION ☐ DE MODIFICATION ☐ DE RENOUVELLEMENT ☐ OU DE CESSATION ☐
DE SOCIÉTÉ ☐ OU D'ACTIVITE POUR UN PARTICULIER ☐

GUICHET UNIQUE POINTE-NOIRE/2010

A remettre accompagnée des pièces justificatives et des frais réglementaires au C.F.E. il ne pourra pas refuser la déclaration si les parties foncées sont remplies

DENOMINATION ____
SIGLE ____ Enseigne ou Nom Commercial ____
NOMBRE DE SALAIRES de l'entreprise à la date de déclaration ____ dont Étrangers : ____ Congolais : ____
FORME JURIDIQUE ____ Chiffre d'Affaires prévisionnel de l'Année : ____ Prévision d'emplois sur 3 ans ____ , ____ , ____
CAPITAL (montant) ____ Si Capital variable, montant minimum : ____ INVESTISSEMENTS / APPORT PERSONNEL ____ APP.B ____ APPEX ____
DATE DE CREATION **Adresse du siège** Rue ____ N° ____ Tél : ____ Fax : ____ B.P : ____
Quartier / Arr. ____ ville de : ____

Dirigeants, associés, ou tiers autorisées à signer pour la société

	Noms - Prénoms	Date et lieu de naissance	Nationalité	Fonctions	Etablissement /Société
1					
2					
3					
4					

Liste à suivre sur intercalaire Oui ☐ Nom ☐

Activité Principale ....
Secondaire ....
Secteur d'activité : Primaire ☐ Secondaire ☐ Tertiaire ☐ Système comptable utilisé ....

Profession/Activité réglementée Oui ☐ Nom ☐ Si oui, réf. de l'agrément : ....
Délivré par ....
Datede signature: .... date d'expiration : ....

Etablissements, Boutiques et Succursales

	Enseignes ou Sigles	Nature de l'Etablissement (Société)	Adresses (Lieux d'implantations)	Dates d'ouverture	Activité	Effectifs Permanents	Chiffres d'affaires Prévisionnel
1							
2							
3							

Liste à suivre sur intercalaire Oui ☐ Nom ☐

Date de cessation d'activité : .... Motif : ....

Adresse permanente du déclarant : ....
Réf, pièce d'identité ....
Pour un étranger, adresse dans le pays d'origine ....
Le soussigné : ....
de nationalité .... Né le : .... à ....
déclare sur l'honneur qu'il n'a pas fait l'objet d'une condamnation interdisant la profession de commerçant et demande par ce document Immatriculation au Registre du Commerce et du Crédit Mobilier (RCCM), l'inscription au Centre national de Statistiques et des études économiques, à la Chambre Régionale du Commerce, à la Caisse Nationale de Sécurité Sociale, aux Directions Départementales des Impôts, du Travail, et du Commerce, ainsi que l'établissement d'une carte professionnelle de commerçant

Fait à ....
le ....
Signature du déclarant

reçu ce formulaire les piècesjustificativeségales ainsi que la sommede :
par M. : Fonction : tampon et signature

Un exemplaire de la présente liasse vous est remis immédiatement, date et tamponné par le C.F.E. à titre de reçu de cette formalité, des pièces justificatives légales, et des frais réglementaires. Votre carte de commerçant vous est remise dans les 30 jours qui suivent la déclaration, conformément à la réglementation en vigueur, elle vous autorise à exercer et, pour les sociétés, à débloquer les fonds déposés à la banque. **Pour toute observation ou proposition d'amélioration du système écrire au Ministre chargé du Commerce.**

Table G.1. Liste des taxes à payer par une structure privée de la santé (toutes taxes confondues)

N°	Libellés des taxes	Montants à payer (FCFA)	Sites de paiement	Périodicité	Observations
1	-Frais de déclaration d'activités -Enregistrement au Registre du commerce -Affiliation à la chamber de commerce -SCIEN -SCIET	60 000	Centre des formalités des entreprises (CFE)	Une seule fois au début des activités	N.B : Toutes ces pièces administratives sont payees au même moment. La creation du CFE a réglé la question de la lenteur administrative dans la constitution de dossier d'ouverture d'une entreprise.
2	Frais d'autorisation d'ouverture (Agrément)	70 000	Direction des Services de Santé	Une seule fois au début des activités	
3	Inscriptions du promoteur à l'ordre des médecins	80 000	Direction départementale de l'ordre des médecins	Une seule fois au début des activités	
4	Numéro d'identification fiscale	10 000	Inspection divisionnaire des impôts	Une fois à l'ouverture de dossier fiscal	N.B : Cette pièce est exigible à toute operation avec la fiscalité
5	Taxe immobilière	—	Inspection divisionnaire des impôts	Annuelle	N.B : Le montant dépend de la valeur de l'immeuble ou de la valeur du contrat de bail
6	Patente	—	Inspection divisionnaire des impôts	Annuelle	Elle dépend de la valeur estimée des activités
7	Taxe sur la valeur ajoutée (TVA) sur l'achat des produits	—	Inspection divisionnaire des impôts	Permanente	Elle dépend de la valeur estimée des achats
8	Taxe sur la valeur ajoutée (TVA) sur les services offerts	—	Inspection divisionnaire des impôts	Permanente	Elle dépend de la valeur estimée des services offerts
9	Bénéfice non commercial		Inspection divisionnaire des impôts	Annuelle	Elle dépend du benefice annuel réalisé
10	Impôt salarial		Inspection divisionnaire des impôts	Mensuelle	Il dépend du barème des impôts

(Suite page suivante)

Table G.1 (suite)

N°	Libellés des taxes	Montants à payer (FCFA)	Sites de paiement	Periodicité	Observations
11	Caisse de Sécurité Sociale (Régime Assurance vieillesse)	—	Services des cotisations sociales	Mensuelle	Salaires plafonnés à 1 200 000 F par mois x12% N.B : La plus grande part à payer est supportée par l'employeur, eclle de l'agent dépendant du salaire brut et prime
12	Caisse de Sécurité Sociale (Accidents de travail — maladies profesionnelles — allocations familiales)		Services des cotisations sociales	Mensuelle	Salaires plafonnés à 1 200 000 F par mois x12% N.B : La plus grande part est payée par l'employeur, celle de l'agent dépendant du barème C.N.S.S. tendant du salaire brut et des primes de l'agent
13	Enregistrement au fichier de l'Office Nationale de l'Emploi et de la Main d'Œuvre (ONEMO)	—	ONEMO	Une fois à l'ouverture de la société	Le montant dépend de la grandeur de l'entreprise notamment du nombre des employés
14	Frais de l'Office Nationale de l'Emploi et de la Main d'Œuvre (ONEMO)	—	ONEMO	Mensuelle	Le montant à payer dépend de la masse salariale et 0,5% de cette masse salariale est recouvrée
15	Frais de SOPROGI (Société de Promotion et de Gestion Immobilière)	—	SOPROGI	Mensuelle	Le montant à payer est de 2% de la masse salariale
16	Fonds National de l'Habitat	—	Inspection divisionnaire des impôts	Mensuelle	Le montant à payer est de 1% du traitement brut des salaires
17	Taxe régionale	2 000 par agent	Perception communale	Annuelle	Le montant total à payer dépend du nombre total des agents
18	Taxe municipale sur les boutiques, baraques, cliniques implantées sur le périmètre urbain	60 000	Perception communale	Annuelle	Le montant à payer est fixé par le Conseil Départmental

Annexe H. Plan d'action préliminaire : décembre 2010

Le tableau ci-dessous présente les lignes directrices du plan d'action. Il combine deux différents types d'action : *a*) Actions prioritaires retenues par le 3ᵉ atelier, et *b*) Actions complémentaires proposées par le consultant (*en italique*).

	DOMAINE / ACTION	Établissement des priorités TIMING (CT, MT, LT)
A	**POLITIQUE ET GOUVERNANCE**	
	Assurer un réel engagement des deux secteurs public/privé	
A.1	***Créer une plateforme formelle et permanente de dialogue sectorielle public et privé***	CT
A.1.1	Élaborer un projet de statut en liaison avec le Ministère de la santé et le Haut Conseil du dialogue public-privé	CT
A.1.2	Création officielle de la Plateforme	CT
A.2	***Renforcer l'implication du secteur privé dans l'élaboration de la politique de santé et sa mise en œuvre***	CT
A.2.1	Intégrer le secteur privé dans les organes de coordination du PDSS (coordination et comités techniques)	CT
A.2.2	Intégrer le secteur privé dans les commissions techniques mises en place par le Ministère	CT
A.3	***Renforcer la structure du secteur privé de la santé***	
A.3.1	Mettre en place une structure représentative en y incluant toutes les parties intéressées	CT
A.3.2	Renforcer et/ou mettre en place des différentes institutions telles que les ordres, syndicats, etc.	MT
A.4	***Développer la politique du secteur privé de la santé***	
A.4.1	Elaborer et approuver le document de politique	MT
A.4.2	Créer un répertoire des structures et des acteurs, développé et actualisé en permanence	MT
B	**RÉGULATION/RÉGLEMENTATION**	
B.1	***Recenser, actualiser et vulgariser tous les textes législatifs et réglementaires régissant le secteur privé de la santé, par le biais d'un comité technique multisectoriel mis en place par la plateforme formelle et permanente***	
B.1.1	Simplifier les procédures d'enregistrement (guichet unique) *et revoir les critères techniques d'octroi des licences*	CT
B.1.2	Revoir les catégories d'établissements (nature commerciale des praticiens libéraux de la santé)	CT
B.1.3	Revoir les textes en introduisant les principes d'autorégulation du secteur privé (y compris les mécanismes de suivi par les pairs) et d'accréditation des secteurs de santé	CT
B.1.4	Reconnaître et réglementer la bi-appartenance	CT
B.1.5	Approuver les nouveaux textes	CT
B.1.6	Vulgariser les nouveaux textes	CT

(Suite page suivante)

Annexe H (suite)

	DOMAINE / ACTION	Établissement des priorités TIMING (CT, MT, LT)
B.2	*Renforcer la mise en œuvre effective du cadre réglementaire*	
B.2.1	Mettre en place une commission consultative conjointe public/privé de suivi de la réglementation aux niveaux central et départemental	CT
B.2.2	Renforcer les capacités institutionnelles du MSP en matière de régulation, réglementation et mise en oeuvre	MT
B.2.3	Renforcer les capacités d'auto-régulation du secteur privé	MT
B.2.4	Actualiser et conformer aux normes des structures privées	MT
B.2.5	Mettre en place des mécanismes de détection des activités et produits illicites ainsi qu'un système punitif	MT
C	**MESURES INCITATIVES**	
C.1	*Augmenter l'accès au financement bancaire / fonds de garantie*	
C.1.1	Création par les acteurs d'un fonds de garantie du secteur	MT
C.1.2	Création par l'État d'un fonds de soutien à l'initiative privée du secteur de la santé	MT
C.1.3	Renforcement de la capacité des opérateurs privés sur le montage des projets bancables	MT
C.1.4	Démarrage de discussions/encouragement aux banques pour l'octroi de crédit au secteur privé de la santé	MT
C.2	*Alléger les taxes*	
C.2.1	Allégement/suppression des taxes pour l'exercice privé des métiers de la santé en milieu rural	MT
C.2.2	Suppression des taxes sur les produits <u>génériques</u> et les intrants et matières premières pour la production pharmaceutique locale	MT
C.2.3	Mise en place d'un accord/octroi d'un crédit d'impôts à l'installation (voir code des investissements)	MT
C.3	*Renforcer les capacités*	
C.3.1	Développement des mécanismes visant à assurer/faciliter l'appui technique au secteur privé dans plusieurs domaines (compétences des affaires, capacité de gestion, de technologie informatique, etc.)	MT
D	**ACTIONS CONCRÈTES CONCERNANT LES PPP**	
D.1	*Opérationnaliser des PPP sur les programmes de santé publique donnant droit à la gratuité*	CT
D.1.1	Mettre en place un comité technique mixte public/privé sur l'opérationnalisation des PPP (au niveau de la DGS)	CT
D.1.2	Formaliser/étendre les PPP existants sur le VIH, le sida, le paludisme et les vaccinations	CT

(Suite page suivante)

Annexe H (suite)

	DOMAINE / ACTION	Établissement des priorités — TIMING (CT, MT, LT)
D.2	*Développer des PPP sur les SONU*	*CT*
D.2.1	Intégrer les représentants du secteur privé (associatif et libéral) dans la commission nationale d'évaluation des besoins (note de service) et élaborer un plan de mise en oeuvre	CT
D.2.2	Intégrer les représentants du secteur privé dans les quatre sous-commissions nationales sur la gratuité de la césarienne et des complications de l'accouchement (note de service) et élaborer un plan de mise en œuvre	CT
D.3	*Développer des PPP sur la formation initiale et continue*	MT
D.3.1	Permettre aux étudiants des écoles professionnelles publiques de faire leur stage dans les structures privées	MT
D.3.2	Inviter les prestataires du secteur privé à enseigner dans les structures publiques de formation	MT
D.3.3	Inviter les prestataires du secteur privé aux formations continues organisées par le secteur public	MT
D.4	*Développer des stratégies de subvention de la demande*	MT
D.4.1	Analyser les possibilités et la faisabilité d'introduire ou renforcer des stratégies telles que l'assurance maladie, mutuelles santé, chèque santé, ……	MT
D.4.2	Développer les stratégies de financement des secteurs public et privé	MT
D.5	*Développer un mécanisme ainsi qu'un plan d'exécution pour le suivi des PPP*	CT

Bibliographie

Centre national de la statistique et des études économiques et ORC Macro 2006, « Enquête démographique et de santé du Congo 2005 », Calverton, Maryland, USA : CNSEE et ORC Macro.

CIA (Central Intelligence Agency) 2011, « *The World Factbook — Congo, Republic of the* », https://www.cia.gov/library/publications/the-world-factbook/geos/cf.html

Ministère de la santé et de la population de la République du Congo 2006, « Plan national de développement sanitaire 2006-2010 », Brazzaville.

Ministère de la santé et de la population de la République du Congo 2005, « Carte sanitaire du secteur privé », Brazzaville.

Ministère de la santé et de la population de la République du Congo 2003, « Politique nationale de santé », Brazzaville.

Ministère de la santé et de la population de la République du Congo et Banque mondiale 2008, « Programme de développement de services de santé », Washington D.C.

Ministère du plan, de l'aménagement du territoire et de l'intégration économique de la République du Congo 2010, « Rapport national des progrès vers l'atteinte des Objectifs du Millénaire pour le développement », http://www.undp.org/africa/documents/mdg/congo-march2010.pdf. Brazzaville.

Ministère du plan, de l'aménagement du territoire et de l'intégration économique de la République du Congo 2006, « Enquête congolaise auprès des ménages pour l'évaluation de la pauvreté 2005 », Brazzaville.

UNAIDS 2010 « *UNAIDS Report on the Global AIDS Epidemic 2010* », http://www.unaids.org/en/media/unaids/contentassets/documents/unaidspublication/2010/20101123_globalreport_en.pdf. New York, N.Y. : UNAIDS.

UNICEF (United Nations Children's Fund) 2005, « ChildInfo », http://www.childinfo.org/. New York, N.Y. : UNICEF.

World Bank 2010, « *Doing Business 2011* », Washington D.C. : World Bank/IFC.

World Bank 2009, « *World Development Indicators 2009* », Washington D.C. : World Bank.

World Bank 2008, « Congo Brazzaville : la Banque mondiale approuve un don de 40 millions de dollars des États-Unis au titre du développement des services de santé », http://go.worldbank.org/QAFLP1V5X0. Washington D.C.

World Health Organization 2011a, « *Global Health Observatory Data Repository* », http://apps.who.int/ghodata/. Geneva, Switzerland.

World Health Organization 2011b, « National Health Accounts Congo », http://www.who.int/nha/country/cog/en/. Geneva, Switzerland.

World Health Organization 2010, « *World Malaria Report 2010* », http://www.who.int/malaria/world_malaria_report_2010/en/index.html. Geneva, Switzerland : WHO.

Publications

Études-pays :
Private Health Sector Assessment in Kenya, No. 193
Private Health Sector Assessment in Ghana, World Bank Working Paper, No. 210
Étude sur le secteur privé de la santé au Mali, Document de travail de la Banque mondiale no. 211
Private Health Sector Assessment in Mali, World Bank Working Paper, No. 212
Private Health Sector Assessment in Burkina Faso
Private Health Sector Assessment in India
Private Health Sector Assessment in Republic of Congo

Documents techniques :
Health Insurance Handbook: How to Make It Work, World Bank Working Paper 219
Éducation à la santé

ÉCO-AUDIT
Présentation des avantages environnementaux

La Banque mondiale s'attache à préserver les forêts et les ressources naturelles menacées. Les études-pays et les documents de travail de la Banque mondiale sont imprimés sur papier non chloré, intégralement composé de fibres post-consommation. La Banque mondiale a officiellement accepté de se conformer aux normes recommandées par Green Press Initiative, programme à but non lucratif qui aide les éditeurs à utiliser des fibres ne provenant pas de forêts menacées. Pour de plus amples informations, consulter www.greenpressinitiative.org.

En 2010, l'impression de ces ouvrages sur papier recyclé a permis de réaliser les économies suivantes :

- 11 arbres*
- 3 millions BTU énergie totale
- 1 045 tonnes-équivalent CO_2 gaz à effet de serre, net
- 5 035 gal. eau
- 306 lb. déchets solides

*Hauteur : 12 m
Diamètre : 15–20 cm

* 9 7 8 0 8 2 1 3 9 4 9 7 7 *